新时代高等学校管理中的德育工作探索

苗青 著

国际关系学院中央高校基本科研业务费专项资金资助
项目编号：3262024T14

九州出版社
JIUZHOUPRESS

图书在版编目（CIP）数据

新时代高等学校管理中的德育工作探索 ／ 苗青著 .
北京 ： 九州出版社，2025. 4. -- ISBN 978-7-5225
-3830-3

Ⅰ．G641

中国国家版本馆 CIP 数据核字第 2025VG7463 号

新时代高等学校管理中的德育工作探索

作　　者	苗青　著
责任编辑	黄明佳
出版发行	九州出版社
地　　址	北京市西城区阜外大街甲 35 号（100037）
发行电话	（010）68992190/3/5/6
网　　址	www.jiuzhoupress.com
印　　刷	三河市龙大印装有限公司
开　　本	710 毫米 ×1000 毫米　16 开
印　　张	10
字　　数	150 千字
版　　次	2025 年 4 月第 1 版
印　　次	2025 年 4 月第 1 次印刷
书　　号	ISBN 978-7-5225-3830-3
定　　价	58.00 元

目　录

第一章　新时代高校德育工作理论概述

在人类文明的长河中,教育始终是推动社会进步和个体成长的重要力量。而在教育的诸多领域中，德育无疑占据着举足轻重的地位。德育，即道德教育的简称，旨在培养个体的道德品质、道德观念以及道德行为，是塑造完整人格不可或缺的基石。

党的十九大以来，中国特色社会主义进入新时代，我国正处在中华民族伟大复兴的关键时期，也是教育事业蓬勃发展的黄金时期。高校是人才培养的摇篮，德育涉及"培养什么人""为谁培养人""怎样培养人"的核心问题，德育教育必须贯彻践行我国高校的根本宗旨——立德树人。加强高校德育工作，是由复杂的国际、国内环境和高校的特殊地位决定的，德育教育既是高校高质量实现办学目标的有力保障，又是高校教育工作的重要内容。

第一节　新时代高校德育工作的内涵

一、德育概述

要深入研究德育相关问题，就必须明确德育的定义，理清其内涵、外延以及体系的演变。"德育"一词，英文为"moral education"，原意为"道德教育"，指的是与个体道德行为以及道德品质（品德）形成过程相关的教育。早在 20 世纪初，"德育"这个词随着西方的教育思想、理论和制度出现，作为舶来品传入我国。但是从德育的根本内涵来看，中华文化中的德育研究有着悠久的历史传统，千百年来德育思想逐渐形成了现代的德育范畴及其语词表达。

德育作为教育的重要组成部分，随着社会的发展不断演进和丰富。在教育者与受教育者之间的互动中，德育通过有目的、有计划、有系统的方式影响受教育者，将一定的思想观念、道德规范、法律法规等转化为其思想品质、道德素养、法律素质等方面的实际行为。通过教育活动中的认知、体验和实践，德育有助于培养受教育者的综合素质，使其更好地适应社会的需求并发展。因此，无论德育的内涵和外延如何变化，其本质属性始终是教育者与受教育者之间相互影响、相互塑造的过程，旨在促进受教育者全面发展和成长。

德育随着社会的发展而演变，并受到历史、阶级和民族等因素的影响。在德育的发展过程中，存在一定的原则和方法，旨在引导学生形成正确的世界观、人生观、价值观以及政治观念和道德信仰，促进其全面发展和品德提升。

（一）中国古代对德育的阐释

在我国，"德"字最早见于甲骨文。《说文解字》认为"德"是内在认知、情感和外在行为的统一。在我国古代思想家看来，"德"本身来源于"道"。《道德经》认为"孔德之容，唯道是从"，强调"道"是自然界存在的客观规律，是做人、治国的基本准则。在这个观念中，人应当遵循道的指引来实现道德修养和行为规范，而"德"的内涵则是由"道"所决定的①。荀子在《荀子·正论篇》中进一步强调了"道德"的重要性，提出"道德纯备，智慧甚明"，意味着只有那些道德高尚、品德纯洁的人才能充分展现其智慧和才能。这表明在荀子看来，道德与智慧是密不可分的，只有通过修养道德，人才能获得真正的智慧和聪明才智②。在中国古代的观念中，道德

---

① 傅亚成，姜寿田. 老子《道德经》[J]. 书法，2022（03）：201.
② 王汉卿. 荀子社会思想的哲学基础 [J]. 新楚文化，2023（34）：7 – 9.

被视为各种伦常关系中的基本原则和规范，用来评价人们的行为并调节人际关系。荀子在《劝学》中指出，学习应该追求明礼的极致，将道德视为学习的终极目的①。另外，许慎在《说文解字》中提到"育，养子使作善也"，强调培养后代让他们行善。这里引申出"育"的意义，包括今天所说的教育和德育②。因此，从古代文字的含义来看，"德育"意味着通过涵养和教育受教育者自我完善，使其获得道德素养。换言之，德育旨在通过教育活动促使受教育者内化道德规范，培养其良好品质和道德观念，使其成为具有高尚品德和正确价值取向的人。

（二）西方对德育的界定

西方的德育思想随着时代的变迁，产生出了不同的流派，但其概念一直定义在教育的范畴中。17世纪捷克教育家扬·阿姆斯·夸美纽斯（Jan Amos Komenský）在《大教学论》一书中把"德行""虔信"与"博学"并举，认为"德行"与"虔信"是教育的两个重要因素，而其他的学科（科学、艺术、语言等）都应该作为附属的知识来传授③。因此，夸美纽斯也被认为是近代提出"德育第一"观点的第一人。到了18世纪，在英国产业革命的影响下，西方在德育方面也出现了新的思想、新的观念和新的思维模式。法国教育家让-雅克·卢梭（Jean-Jacques Rousseau）认为，德育作为一门教人如何做人的学问，其任务主要是激发人们善良的感情，培养人们正确的判断力、坚强的意志，从而抵制社会上的不良影响④。德国教育家约翰·弗里德里希·赫尔巴特（Johann Friedrich Herbart）在《普通教育学》一书中明确把"教育"当作"德育"来使用⑤。德国哲学家伊曼努尔·康德（Immanuel Kant）

---

① 王汉卿. 荀子社会思想的哲学基础 [J]. 新楚文化, 2023 (34): 7-9.
② 鲁洁. 道德教育的根本作为：引导生活的建构 [J]. 教育研究, 2010, 31 (06): 3-8.
③ 甘思荣. 论夸美纽斯《大教学论》中的"大"之为"大"——基于文本几个重大教育主题的新诠释 [J]. 品位·经典, 2023 (06): 14-17.
④ 吴恺. 卢梭自然教育思想的主要内容及当代启示 [J]. 东南大学学报, 2023, 25 (52): 10-13.
⑤ 包锋. 赫尔巴特教育思想中的人文关怀及其当代价值 [J]. 辽宁师范大学学报, 2023, 46 (03): 76-83.

认为德育的核心问题是如何调节"服从"与"自由意志",将外部法则变为内部法则,其任务就在于使人们完全遵循自己的本体性质,遇事行事能动用"意志"和"良知"去进行自我监督①。

(三) 中国近代对德育的界定

我国近代对于德育概念的理解主要形成了两种观点。一种是受到西方教育制度的影响,德育可以理解为道德教育,即通过教育活动培养学生的品德和道德素养,也有一些学者将德育定义为狭义的教育。这种观点我们通常看作是德育的狭义概念,也就是所谓的"小德育"。王国维于 1906 年所著的《论德育之宗旨》一文中,首次提出了"德育"这个词,并将"德育""知育"和"美育"统称为"心育",其中的"德育"指的是道德教育②。随着20 世纪 80 年代改革开放的不断深入,这一概念也得到了进一步的关注和发展,道德教育这一"德育"的根本属性重新得到重视,"小德育"的观点重新得到了学者的支持。一方面,世界上多数国家所指的德育均是单纯的道德教育,我国采用"小德育"的概念有利于同国际教育界之间的交流和吸收国外先进的教育理念;另一方面,单纯的"小德育"概念能够避免德育概念泛化所带来的"混杂性",防止由于政治、思想、道德、法制、心理等方面的发展机制差异所导致的彼此间相互混淆,"小德育"说实质上是对德育概念的精炼和提炼,以突出道德教育的核心要义。

另外一种观点则受到苏联教育制度的影响,将德育的外延不断扩大。20世纪 50 年代后,包含"思想教育"和"政治教育"以及后期"心理教育"的广义德育观逐渐形成,这也是学界通常所说的"大德育"。

改革开放以后,随着经济的发展,社会制度的不断完善,日益激烈的社会竞争要求德育工作不断发展、完善,"大德育"说指的是德育概念逐渐扩

---

① 邱珍,张宏旭. 康德法学思想对大学生德育教育的启示 [J]. 河西学院学报,2021,37 (04):89-93.

② 徐慧,夏永庚. 王国维"立美育德"思想的内涵及其当代价值 [J]. 教育探索,2022 (01):77-82.

展和综合，包括了道德教育、思想教育、政治教育、法治教育、心理教育等多方面内容。"大德育"说的核心思想在于将思想教育、政治教育和法治教育融到德育中来，能够有效避免相关教育内容被边缘化的尴尬处境，同时有利于社会主义人才的培养。"大德育"说的核心思想是为了满足社会发展需求，将德育概念进行综合扩展，以起到导向作用。

从以上的分析可见，目前我国在理论层面上对于德育的认识仍旧不一致。在德育的范畴内，存在着两种不同的理解和定义：一种是广义的"大德育"，涵盖更广泛的教育内容和目标；另一种是狭义的"小德育"，专注于道德伦理方面的教育与培养。

另外，在德育概念的内涵上，存在着不同的观点。其中，第一种观点"施加"说，强调教育者将社会规范灌输给受教育者，强调德育工作的主观性和单向性，即教育者有目的地向受教育者灌输特定的道德行为规范，从而实现德育的目标。这种观点在一定程度上强调了教育者对受教育者的影响力，但也可能忽略了受教育者的主动性和自我发展的重要性①。第二种观点是"转化"说，"转化"说从马克思主义关于人学的理论立场去寻求德育的新解释，德育可以被定义为将特定社会的思想、政治和道德规范通过教育转化为个人的思想和道德品质，并在个人的社会实践活动中体现和落实这些规范②，这种观点在"施加"说基础上进一步进行改良，使德育概念的表达更好地体现对人的主体性和能动性的尊重。第三种观点是"内化"说，这种观点是在"转化"说的基础上形成、发展而来的，认为德育是指教育者根据特定社会的要求，通过特定的教育活动，使受教育者内化特定社会的思想和道德规范，从而形成符合社会要求的思想道德素质的过程③，这种表述形式凸显了受教育者的主动性，强调通过受教育者自身主动对社会进行认知以

---

① 李道仁. 德育本质问题的探讨 [J]. 华中师范大学学报（人文社会科学版），1982（6）：105－110.

② 胡守棻. 德育原理 [M]. 北京：北京师范大学出版社，1989：16.

③ 檀传宝. 学校道德教育原理 [M]. 北京：教育科学出版社，2015：6.

及道德体验，最终实现德育的目标。

20 世纪 90 年代以来，通过对传统德育的批判和反思，德育"价值引导与自主建构说"又受到了学者们的关注。可见，随着德育理论研究的不断深入和实践的发展，德育的概念、目标、内容、手段等都得到了发展，"大德育"说已经成为德育发展的主流并经官方不断确认。

（四）新时代德育的界定与内涵

新时代的德育不仅是传统意义上简单的道德教育，同时也包含道德教育、思想教育、政治教育、法治教育、心理教育等各个领域。德育的最终目标是培养全面发展的社会主义建设者和接班人，他们应该具备德、智、体、美、劳全面素质，树立共产主义信仰和社会主义理想，自觉遵守社会主义道德规范，自觉培养良好的道德品质，为实现社会主义现代化事业做出积极贡献。

德育在教育学界本是就如何培养学生品德展开讨论和争辩的一个热点问题。德育是什么？简单来说，德育就是在教育的同时培养学生形成良好的品德。然而，对于德育不同角度的理解可能会导致不同的结论。不同的德育界定反映不同德育观，德育实践的结果也就不同。德育作为培养学生品德的教育内容，在实际中扮演着思想和政治教育的基础角色。一个缺乏基本道德品质的个体，其思想和政治觉悟很难健康发展，也难以在人生中面对各种考验，更无法胜任社会和政治领域的重大责任。

在大学生的德育教育中，应该充分发挥学生的主体作用，注重内在因素，同时不忽视外部条件，内外结合，为促进大学生的身心健康共同努力。总之，德育是指教育者为学生创造良好的道德教育环境，通过教育活动促进学生在道德认知、情感和实践能力等方面的发展。简而言之，德育旨在引导个体自主构建道德价值观，是一种促进学生道德成长的活动。

二、高校德育概述

总的来说，高校德育工作是一种有计划、有系统的教育活动，旨在帮助大学生在思想、政治、道德、法律和心理等方面取得进步。这种教育活动通过多种互动的方式来进行，以便培养大学生具有坚实的思想政治理论、高尚的道德情操、自主的守法意识和良好的心理素质等综合素质。高校德育工作的这种规律性发展，具有整体性、持续性和动态性等特点。

第一，整体性。大学生德育工作是一个全面性的任务，它包括多个相互关联的维度。首先，大学生的各种素质是相互影响的，这些素质的培养不是孤立的，而是相互促进的。其次，大学生的个人德育发展与群体发展，以及社会的整体发展，都有密切的关联。最后，大学生的德育发展受社会发展的影响，也反过来可以推动社会的发展。这种综合性的工作需要全面考虑大学生的多方面需求和社会环境的变化，以促进大学生全面发展和社会进步。

第二，持续性。大学生的素质是在原有基础上继承和发展的，并不是无缘无故地出现或突然消失的。德育过程是一个从内到外的变化过程。大学生在接受德育工作的目标、内容和方法时，需要通过内化，使这些因素真正成为他们自己的一部分。这需要一个持之以恒的过程，才能够真正影响和塑造大学生的行为和素质。

第三，动态性。一方面，大学生德育工作具有动态调整的特点，会根据时代和社会以及高等教育的变化而变。另一方面，大学生自身的发展需求、认知水平和行为能力的变化也会对德育工作产生深远的影响。这种灵活性和适应性有助于德育工作与时俱进，更好地促进大学生的全面发展。

（一）高校德育的界定

高校德育旨在通过思想政治教育、法治教育和心理素质教育来影响大学生的行为，使他们的行为符合社会规范和社会发展的要求。高校德育教师扮演着主导作用，是教育工作中的重要组成部分，也是促进大学生德育构建重要因素。面对新形势，大学生的德育需要高校教师和整个社会的共同努力和协调。大学生最终都会走向社会，他们的成长需要社会环境的培养和影响。社会实践是大学生思想政治教育体系中不可缺少的组成部分，而大学生的社会实践活动需要家庭、学校和社会三方面的密切配合，这三者之间的关系是相互依存的，只有三者相互配合，大学生的社会实践活动才能够有效开展。

根据《中国普通高等学校德育大纲》，当代大学生德育应当包括思想、政治和品德教育，这种教育体现了教育的社会性和阶级性，德育与智育、体育等相互联系，相互渗透，密切协调，共同促进大学生成长。对这个表述进行深入分析可以发现，当代高校德育包括以下几个方面：第一，道德教育是道德教育者对被教育者主动地、积极地进行影响的过程。德育教育者所实施的教育活动，必然是社会认可的，能够推动德育客体发展的正面内容。第二，高校德育工作涉及知、情、信、志、行五个层面，是一项不可缺少的系统工程。第三，在道德教育中，既要注意认识方面的变化，又要注意行为方面的变化，道德教育的终极目的是实现"知行合一"。

（二）高校德育的原则

在中西方德育的历史演进过程中，人类基于德育的实践和经验，已提出过许多关于德育的规律性认识。例如：孔子的"立志"，提倡"志于道"并"乐道"；朱熹的"思诚为修身之本，而明善又为思诚之本"；赫尔巴特的"寓教于学"原则等。对于当代大学生而言，德育的主要原则有以下几点。

1. 疏导原则

疏导原则是指在对大学生德育教育的过程中，对其进行积极引导，晓之以理、动之以情，激发学生的道德认知、道德情感，使之形成道德信念、产生道德行为。因此只有调动了大学生自觉的道德认知，才能真正达到大学生对道德教育的尊重，才能使其对道德教育产生信赖感与依附感。在此基础上，大学生才会形成一定的道德情感，才能使其愿意进行自我约束、自我反省，自觉接受学校的道德要求。对于疏导原则的执行，要求教育者必须把握正确方向，在对大学生进行引导时可以对其明晰道理、疏导其思想纠结，在顺应大学生发展要求的前提下对其进行谆谆教导。

2. 严格要求与尊重关爱相结合原则

这一原则要求高校在实施道德教育过程中，把对大学生个体的尊重、信任和关爱，与对他们的思想和行为的严格要求有机地结合起来，这样，教育者对大学生的影响和要求就很容易转变成其自身的道德品质。

3. 教育影响一致性与连贯性原则

这一原则指出，高校在开展道德教育时，要有目的有计划地对影响大学生教育的各种因素进行组织与调整，保证其相互协调、协调一致、前后连贯，使大学生的品德符合教育目的。同时，这一原则也强调了需高度重视家庭教育与学校教育中可能存在的对大学生品德要求差异甚至对立等情况。

4. 因材施教原则

这一原则指出，高校在开展德育工作时，要考虑到大学生的思想意识和道德品质的发展状况，将他们的年龄特点和性格特点相结合，对他们进行各种类型的道德教育，从而保证每一个学生的道德品质都能获得最佳的发展。孔子提出的"视其所以，观其所由，察其所安"，是了解学生的有效途径，通过综合考虑每个学生的独特特点来实施个性化教育。

5. 高校教育和社会环境影响相统一原则

高校在进行德育过程中，不仅需要重视学校教育对大学生思想道德素质形成的主导作用，还要注意社会环境（如文化、法治、网络等方面）对其的影响。通过让这两者相互配合、协调一致，形成合力，以此全面促进大学生思想道德素质的培养。

6. 道德认知与道德实践并重原则

这也是理论和实践相结合的原则、知行统一的原则。在大学生德育过程中，道德认知、道德情感、道德意志属于"内化于心"的内容，道德行为才属于"外化于行"。而且仅仅有正确的道德认知、深厚的道德情感是远远不够的，德育所要达到的目标是使大学生具有坚强的道德意志，产生持久的道德行为。

（三）高校德育的本质特征

大学生道德教育具有两个基本特点。第一个特点是道德教育本身就是一种社会行为。例如，对高校学生进行诚信教育，可以减少管理费用，增强教育的有效性，从而增强学生的实用性。其次，人类社会发展的经验表明，人与人之间的关系越融洽，人们就越有幸福感。另一个特点是道德教育的实践性。高校思想政治教育内容是高校思想政治教育的重要组成部分。例如，在一所大学里，学生已经学会了道德规范，但是却没有落实到实践中去，就不能起到大学德育的导向作用，也不能达到德育社会化的目的。因而，道德规范的落实过程，实质上就是高校道德教育的重要环节。高校道德教育的功能必须在实践中得以体现。马克思认为，人的本性并不是一个人内在的抽象化，它取决于他周围各种社会关系的总和。所以，高校道德教育的实质是人的社会性的培育，重视社会关系对人的影响。大学生道德教育的进程实际上就是一个社会化的进程。通过加强对大学生的德育教育，实质上是在促进大学生的社会化，提升他们的素质，并激发他们发挥建设和改造社会的应有作用。

（四）高校德育的探索

1. 立德树人：新时代高校德育工作的核心

立德树人，是新时代高校德育工作的首要任务。高校应将立德树人作为教育的根本任务，贯穿于教育教学全过程，落实到各个环节。这要求高校在课程设置、教学方法、评价体系等方面，都要以立德树人为导向，注重培养学生的道德品质、社会责任感和创新精神。同时，高校应加强对教师队伍的师德师风建设，确保每一位教师都能成为学生品德成长的引路人。

2. 理想信念教育：新时代高校德育工作的灵魂

理想信念教育，是新时代高校德育工作的灵魂所在。高校应深入开展理想信念教育，引导学生树立正确的世界观、人生观和价值观，坚定中国特色社会主义道路自信、理论自信、制度自信、文化自信。这要求高校在教学内容上，要注重马克思主义理论教育，加强对党的路线、方针、政策的宣传和解读；在教学形式上，采用多样化的教学手段，如案例教学、模拟演练、社会实践等，增强教学的针对性和实效性。

3. 爱国主义教育：新时代高校德育工作的主线

爱国主义教育，是新时代高校德育工作的主线。高校应通过各种形式，如课堂教学、校园文化活动、社会实践等，加强对学生的爱国主义教育，培养学生的民族自豪感和国家认同感。这要求高校在课程设置上，要注重历史、地理、政治等课程的开设，让学生了解国家的历史、文化和现状；在校园文化活动上，要举办各种形式的爱国主义教育活动，如主题演讲、文艺演出、志愿服务等，让学生在参与中感受爱国的力量。

4. 思想道德建设：新时代高校德育工作的基础

思想道德建设，是新时代高校德育工作的基础。高校应加强对学生的思想道德教育，培养学生的社会公德、职业道德和家庭美德。这要求高校在教学内容上，要注重思想道德课程的开设，如伦理学、社会学、心理学等，让学生了解道德的基本概念和原则；在教学管理上，要加强对学生日常行为的规范和引导，如制定学生行为准则、开展文明校园创建活动等，让学生在实践中养成良好的道德品质。

5. 全面发展教育：新时代高校德育工作的目标

全面发展教育，是新时代高校德育工作的目标。高校应坚持德智体美劳五育并举，促进学生的全面发展。这要求高校在课程设置上，要注重课程的多样性和综合性，为学生提供丰富的课程选择；在教学管理上，要加强对学生个性化发展的支持和引导，如开设选修课程、提供实践机会等，让学生在多样化的学习中发现自己的兴趣和特长。

6. 实践与创新：新时代高校德育工作的路径

实践与创新，是新时代高校德育工作的路径。高校应积极探索和实践德育工作的新方法、新途径，将德育工作与学生的生活实际紧密结合。这要求高校在教学方法上，要注重理论与实践的结合，如开展案例教学、项目式学习等，让学生在实践中学习和成长；在教学资源上，要充分利用现代科技手段和网络平台，如开设在线课程、建立德育资源库等，为学生提供便捷的学习资源和交流平台。

7. 协同育人：新时代高校德育工作的保障

协同育人，是新时代高校德育工作的保障。高校应加强与家庭、社会等各方面的联系与合作，形成协同育人的良好氛围。这要求高校在家庭教育上，要加强与家长的沟通和合作，共同关注学生的成长和发展；在社会教育上，要加强与社区、企业等社会各界的联系与合作，为学生提供更多的实践机会和就业岗位。

三、高校德育的理论基础和价值定位

（一）高校德育的理论基础

从某种意义上讲，道德教育就是一个人道德修养的过程，它关系到人的内部和谐发展。"人的全面发展"是马克思全面发展理论的基本内涵。这对高校道德教育的研究具有一定的理论指导意义。

人的全面发展理论是马克思主义学说中经典的内容，强调每个人都应该得以全面和自由发展。在这种理念下，人类社会的最高形式将是一个以每个人全面自由发展为基础的社会。根据唯物史观，社会分工导致大多数人仅能实现"片面发展"。随着生产力的提高，这种分工不断演变，影响着人类社会的发展方向，这就造成了在大多数的时候，人们都只能在整个生产体系中的某个固定的工作，只能将注意力集中在一件事情上，而没有精力去处理其他的事情，因此，一个人难以使自己得到全面的发展。马克思主义关于人的全面发展理念强调个体在体力、脑力、精神、身体、智力、品德、个性化与社会化等各个方面的全面、充分、自由发展。根据这一理念，每个人都应当有权利和能力去自由选择并发展自己的兴趣和爱好，发展自身体魄，丰富自身情感，提高自身道德，达到真正的自由王国。社会发展与人的发展是统一的，人的发展和社会的发展具有统一性。人类社会的发展，不能以人的发展为代价，而是要使人的自由而全面地发展，只有借助每个人的自由而全面的发展，人类社会的发展才能得到真正实现。每个人的自由发展首先是相对于对他人和物质的依赖而言的；其次是相对于每个个体自身的发展，每个人都可以充分展现自己的优势和特长，它本质上要求个人能力有秩序地、有次序地协调发展，而不是单独地发展个人的各种能力，这是对个人的自由选择的充分尊重，让每一个人都能成为"自由人"，并最终获得其完整的本性；人的全面发展也应当考虑与整个人类的关系，因为整体是由各个个体组成的。个体并非孤立存在，而是与他人之间存在着多种联系，这种关系无论是紧密还是松散，都会影响到个体的发展和成长。"每个人"都要全面发展，才能真正做到"人"的自由发展，才能真正实现马克思关于人的全面发展这一目标。和谐道德教育就是要把道德教育融入人的全面发展之中，从而使个人的道德素质得到提升。

（二）高校德育的价值定位

1. 建设中国特色社会主义的价值

在新时代，高校道德教育的使命是适应社会主义和谐社会建设的总体要求。第一，思想政治教育、思想、心理、道德、法律等"五要素"构成了道德教育的内容，各有重点，互为补充，全面涵盖了社会主义核心价值观，道德教育的研究内容与社会主义核心价值体系更为协调、紧密。第二，道德教育能促使教育者更深刻地理解和掌握道德教育内容的总体协调关系，更多地关注道德教育内容的社会化与个体化的协调，有助于学生将获得的道德教育内容从"内化"转化为"外化"，进而实现对受教育者人格的全面塑造。第三，德育根据人类的心理发展规律对德育内容进行研究，有助于教育者对教育内容进行优化，运用科学的德育手段对大学生进行有重点的道德教育，在动态的、生活化的德育活动和德育的过程中，掌握学生的成长需求，贯彻"以人为本"的教育方针，促使个人建立正确的道德观念，推动受教育者具有高尚的理想信念和健全的道德人格。

文化建设是提高公民的思想意识、道德水准的重要手段，而提高公民的思想意识与道德水平又是推动文化建设的重要因素。由于社会是由个人组成的，所以个人的道德水准决定了这个社会的道德文化的本质和发展方向。新时代新发展理念下的大学道德建设，有利于教育者全面把握社会公德、职业道德、家庭美德、个人品德的内在关系，运用科学、有效的方式，对"四德"进行全方位的教育，从而使大学生形成与人生、社会、家庭、职业等情境相协调的道德观念与行为。

2. 高校德育发展的价值

当前，我国经济条件、社会结构和道德环境，人民群众的思想观念和价值观念都发生了巨大的变化，这对高校道德教育提出了新的要求。当前，我国高校德育工作中出现了许多不和谐现象，如：大学生的认识程度不高，道德意识不强；教师的角色转换还没有完全完成，造成了学生在课堂教学中的主体地位得不到很好的发挥；道德教育内容陈旧、创新不足、与社会生活实际脱节；教育方式的单一、教学过程的连贯性、学校内部、外部环境的不协调等。

道德教育的困境要求道德教育做出与之相适应的转型。这就要求大学的道德教育要始终坚持以人为本，充分发挥学生的主观能动性，充分发挥老师、父母等人力资源的作用，把校内外所有的道德教育要素都充分地调动起来，促进各个要素之间的全面和谐。新时代的大学道德教育建设，既要吸取古代道德教育中的精华，又要对其不合理和不完善之处进行完善。道德教育的指导思想和理念上的新进展，必将导致道德教育的功能和价值的发展。

3. 实现大学生全面发展的价值

如今，改革开放已有40多年，科技日新月异，全球化深入发展，大量外来文化与思想观念进入我国。随着社会价值观的多元化与复杂化，大众传媒的兴起为人类提供了海量的资讯，为人类提供了更多的思考空间。作为社会的一员，大学生的思维方式也具有多元化和差异性，有些人还会产生与社会主义核心价值观相悖的不正确的道德理念和行为习惯，从而限制了他们的身体和心理发展。新时代的高校德育工作，有助于对大学生进行正确的道德观念的培育，让他们能够自觉地进行道德行为，从而推动他们的全面发展。大学阶段是大学生养成道德思想和道德行为的关键时期，与初中、高中相比，大学的课程种类要多得多，学习压力也要小得多，大学生和社会的联系也得到了扩展，有了更广泛的人际关系，在道德教育和实践方面有了更多的时间和精力。国家提出由"应试教育"到"素质教育"的转型，不是仅针对中小学提出的要求，高校也有义不容辞的责任。高校是向学生提供各类文化知识的主要场所，同时也是培育大学生品德修养的精神堡垒，学校应担负起"素质教育"的重任，以促进学生全面发展。大学和初中在课程、环境、人际交往等方面都有较大的差异，大学生在提高自己的道德素质方面有更多的时间、空间和精力，但是也有一些人的社会阅历不足，判断力不强，价值观也会出现一些问题。学校要对大学生进行适时的教育与疏导，才能防止他们误入歧途，使其在正确的价值观的指引下从事活动。高校德育的构建，要以大学生为中心，全面、协调地推进素质教育，让其在大学里既能学习到专业的文化知识，又能丰富精神世界，陶冶情操，培养健全人格，推动全面发展。

四、高校德育社会化及特点

（一）高校德育社会化含义

大学生德育社会化，是指大学生个体逐步接受由现行道德系统所确认和实现的道德信仰与准则，并使之产生一定的道德态度与行为。这一进程包含了三个层次的基本含义：

在德育认知层面上，学习并构建德育理论框架。德育认知是个人对德育现象、德育原理的理解与认识，是个人道德心理形成的依据。大学生们在学习、思考、实践的过程中，能够对当今社会中的道德现象、道德系统和它们的发展及变化规律有所认识，以此来构建自身的心理认知结构，增强认识和参与的意识。

在德育心理层面上，养成德育情感和价值取向并形成德育态度。道德教育情感是指道德教育主体在道德生活中，对道德制度、道德活动、道德事件等所具有的内在经验与感觉；道德教育态度是一种基于认识与情绪而形成的一种比较固定的心理反应趋向，它反映了一种由肯定到否定，由赞成到反对的一系列状态。道德教育态度是一个人对道德教育制度的一种心理认同，它是衡量道德教育社会化水平的一个重要标志。个人的道德观念、立场、价值标准、心理都是建立在认知基础之上的，具有潜在的和隐性的特征，它对大学生的价值取向和道德行为的选择起着决定性的指导作用。

在德育实践层面上，培养和形成参与德育生活的行为习惯。道德教育实践就是公民以各种合法的方式参与到道德教育生活中，对道德教育制度的建构、运作模式和规范产生影响，并基于道德教育理论认识而采取的具体行动。高校德育社会化是高校德育工作的一项重要内容。大学生在参与道德教育的过程中，既要对社会进行改造，又要对自身进行改造，最终达到知、情、意、行的统一。这对于提高大学生的思想素质、社会责任感具有重要意义。

（二）高校德育社会化的逻辑起点

社会性是人类最基础、最根本的属性，可以说，人的本质就是社会关系全面有机地整合与统一。个人需要通过与社会互动，并将社会道德规范内化为自身的思想和行为准则，才能真正实现其在社会中的角色和价值。教育学认为，个体行为的塑造不可或缺地受到行为情境的影响。在当代，大学生正处于一个动态开放的成长世界中，他们正在积极经历人生社会化的过程。这个特殊而重要的阶段需要他们自觉适应社会发展的需求和规律，学习社会知识、技能和规范，获取参与社会事务的资格，并不断发展自己的社会适应能力，同时也要求他们在家庭、学校和社会的协同教育中由"自然人"逐渐转变为符合特定规范的"社会人"，最终实现个人与社会的融合统一。法国教育学家埃米尔·杜尔凯姆（Émile Durkheim）是社会学派主要构建者，被誉为"当代道德教育之父"，他开创了道德教育社会学研究的先河，既强调了现代社会对理性参与的需求，也突出了社会规范对个人行为的约束作用。他认为社会是道德教育的最终依据，主张"教育是个体社会化的主要途径，教育在促进个体社会化方面具有特殊功能"[1]。

---

① 彭倩倩. 涂尔干道德教育思想研究［D］. 长春：吉林大学，2021.

1979 年，美国心理学家尤里·布朗芬布伦纳（Urie Bronfenbrenner）提出了背景发展理论，这一理论在学术界也被称为生态系统理论或人际交往理论，它十分重视环境对于教育的作用，并从思想层面提出"将家庭、学校、社区、社会和自然等环境要素视为一张网络"，并提出"个人的发展是在生态环路中实现的，这个生态环境是由微观系统、中观系统、外部系统、宏观系统和时间系统组成的五个顺序层叠而又互相影响的环境系统"的思想①。相关的研究将教育者与教育客体视为教育进程中的两个主要因素，将其共生共存的家庭、学校、社区和社会等客观要素应当在一个统一、多维的环境体系中，共同促进教育目标的综合发展。从价值论的角度来看，马克思主义认为，人的价值可以分为社会价值和自我价值两个方面。社会价值指的是个人为社会发展做出的贡献，履行了个体对社会的责任，是个人作为社会客体应该承担的使命；而自我价值则指个体的自我发展和实现价值，体现为个体的自我评价、自我选择、自我超越和自我完善。个人的社会价值是通过承担社会责任来评估的，而实现个人的价值必须与社会的需求相结合。社会责任意识反映了对特定社会价值的认同，这些价值由思想理论、理想信念、道德准则和精神风尚等因素构成，并得到社会推崇和倡导。德育生态具有生态整体性、动态平衡性、生命协调性、交互开放性等特点，为人的价值的全面实现创造了多维综合的环境网络。

个体道德的形成不仅涉及道德理性的培养，还包括相应道德行为习惯的养成。德性作为理性行为，是个体自愿选择、学习适应的结果。因此，道德理性教育与道德养成教育是德育的两大主题。道德在本质上是个体以客观的态度探究人类社会生活，促进人类社会发展使命的行为，其目标有赖于在开放社会的政治、经济、文化生活中通过实践内化。以儒家文化为代表的中华文化深刻影响着我国青少年的价值取向，引导华夏儿女立志成为对国家和社会有用的人，在中华大地上形成了一种语言、思维、行为等定型化的活动方

---

① 杜宁娟，范安平. 生态系统理论的外层系统看儿童发展 [J]. 健康研究，2013（1）：70 – 75.

式。从德育实践来看，我国社会自古以来就有"天下兴亡，匹夫有责""精忠报国"的道德传统，用社会道德规范提升个人境界和修养，并把历史使命和个人抱负融入时代和社会发展洪流。

德育以"人的存在和全面发展"为基础和目标，同时以这一理念为评估框架和方法依据。马克思主义人学思想为德育社会化奠定了理论基础。建立现代社会需要的道德价值观，最终要回归到主体内在价值观的构建，主体内在价值体系的确立过程，实质上是个体道德教育的过程。人的发展的最高成果就是实现个性的自由发展，这就要求个体能充分发挥自然潜力，以高度的独立性、自觉性、能动性、创造性参与社会活动，处理社会关系，形成特有的社会价值。

综合而言，社会存在决定社会意识，社会发展目标和现实环境条件会对大学生的德性养成与发展产生影响，同时，大学生的社会意识对社会的存在产生及时影响，推动社会风气的改变预示社会发展趋势德育在根本上是服务于一定国家和社会发展的活动，这也就决定了"社会化"是高校德育的题中之义。

（三）高校德育社会化的必要性

1. 培养优秀的社会主义劳动者的现实要求

我们的教育目的之一，就是要培养出一批合格的社会主义劳动者。生长在社会主义国家的大学生，他们既是国家的劳动者和建设者，也是国家的主人和祖国美好家园的缔造者。大学生即将步入社会，对他们进行德育社会化的教育，可以帮助他们提高他们的道德品质，让他们对社会有更深刻的认识，这样才能更好地改造社会，为社会作出贡献，力争成为一个优秀的社会主义劳动者，为实现中华民族伟大复兴作出自己的贡献。

新时代的劳动者既要具备一定的文化素养，又要具备良好的道德素质。如今，随着社会科学科技的飞速发展，各类职业和工作对人才的需求也越来越高，大学毕业生要想获得满意的工作，除了要具备良好的专业能力之外，还必须具备良好的道德品质，即职业活动品格水平。目前，社会职业活动对大学生入职前的综合能力与素质进行了测试，主要有笔试和面试两种，当然，各职业的考察方法也不一样，但这两者都是比较常用的。笔试更注重应聘者的专业知识与技术，面试既要考核应聘者的专业技术，也要考核应聘者的综合素质，包括职业活动的道德水平。因此，高校要注重大学生的道德素质的不断发展和健全的人格的养成，积极开展大学生的德育社会化工作，使大学生的德育社会化的理论和实践得到进一步的推进，这对充分发挥大学生的德育核心功能，促进他们的成才和成长，同时也是培养出一批杰出的社会主义劳动者的需求。

2. 有助于调适大学生个体与社会之间关系

社会是一个总体，它是一种基于特定的地理或自然环境，能够满足人们的基本需求，具有共同的认同和共同的目的的一群人，它利用某种规范，对人类在政治、经济、文化和生活中的利益和权利进行了构建和调节，使每个人都能感受到自己的价值和认同，同时也保证了社会的安定和秩序。道德准则是在历史发展进程中，对社会的价值标准进行持续整合而成的，其本意是为了保护集体的利益，因此，需要每一个社会成员都能自律并自觉地遵守这些准则，这样才能维持社会的稳定与秩序。大学生是一个富有生机、富有创造性的群体，他们在成长和学习的过程中，要对社会有一个正确的认知，对其进行认可，并将其与社会之间的关系处理好，这样才能使我们的生活更加美好。当今世界，由于资讯科技的飞速发展，社会正处于持续的变革与演变之中，其变革的步伐也在加快。人要与时俱进，才能与时代同步，才能更好地融入新的理念和准则，学会并掌握新的知识和技巧，真正做到人的社会化，从而调整自己与社会的关系。适应社会的发展对人的道德品质的要求，适时、有针对性地进行道德准则和道德观念的更新，是大学生德育社会化的一项重要工作，以此来调整大学生个人与社会的关系，构建一个美好的社会。

站在大学生个体的立场上，他们正处在一个具有独立思考能力的时期，在逐渐融入这个社会的过程中，他们会产生一些疑问，他们的内心世界也是矛盾的，也就是个人需要与社会需求的冲突，这就需要大学生根据社会发展的客观规律，来调节个体与社会的关系。大学生的德育社会化可以使他们在遇到个人与社会的矛盾时，能够用科学的道德认识来分析矛盾的成因，用恰当的道德行为来化解矛盾，以此来防止出现混乱、无序、偏激的行为。一个人的成长与发展，受其所处的社会环境以及其所属的团体左右。人是在社会交往中被塑造和发展起来的，形成了社会人的共性，成了社会的一员，同时也在个人所处的不同的小环境和多种微观因素的作用下，使每一个人都能形成自己特有的社会角色与人格，其终极目的就是要寻求一个共同的社会价值，通过对社会的贡献来实现自己的生命意义。换言之，正确的社会化可以让个人更好地适应社会，在社会中实现自己的生命价值，在满足自身需要的同时，也可以为社会作出贡献，这就是个人和社会之间的和谐关系。

3. 有利于大学生从"自然人"成长为"社会人"

如果把人的生命以一条横线画出来，以人的诞生为出发点，在这一点上，我们是"自然人"，而在这个过程中，我们会逐渐地适应社会的存在，逐步学会如何与人相处，最后成为"社会人"。大学生是尚未从"象牙塔"中走出来的一个特殊群体，正在通过多种信息平台与实践活动，逐渐与社会相接触，同时也面临着来自学术与就业的双重压力，大学生在校期间的学习与生活是其由个人向社会过渡的重要阶段。在这一进程中，他们必须通过学习来获取参与社会生活的能力和素质，个人必须在童年时期就学会必要的知识、技能和规范，逐渐地使人的生物性发生变化，让生物学的人具备社会性。除家庭、环境等因素对个体的影响外，学校在个体社会化中也扮演着十分重要的角色，它能够指导个体建立正确的世界观和人生观、是非观，因此，个体能够理解社会或团体对自己的期待，并且拥有社会成员应该具备的能力和情绪，而大学生的德育社会化则是其中的一个方面，有着十分重要的意义。

当今，随着科技的飞速发展，社会的转型和变化给大学生带来了更多的机遇和挑战，大学生缺少对社会风险和危险的正确认知，也缺少应对的能力，若得不到正确的价值观指导，很有可能在纷繁复杂的社会中迷失自我，甚至迷失方向。为此，我们有必要对大学生进行道德教育，使其由"自然人"向"社会人"转变。

（四）德育社会化的主要特征

1. 德育评价机制的社会化

社会激励通过正确评价道德行为，以制度化的方式赋予人们尊重、爱护、荣誉和奖励，结合意识形态、物质、精神和政治等利益激励，促进德育实践，从而激发人们积极向上的品德和行为，推动个人通过为他人服务、奉献社会来实现自身的价值。在组织和引导志愿活动时，可以通过物质奖励来激励志愿者的积极参与，同时物质奖励也能传递一定的精神意义。此外，适当的政治激励可以进一步巩固和增强物质和精神激励的效果。

有些国家把思想道德建设和法治相结合，用法律的手段惩罚一切违背社会公德的行为，对其进行规范和矫正，实现德育的目标。以新加坡为例，其"国民觉悟教育"在组织和执行方面，呈现出鲜明的法治特征。政府勇于创新，主动把社会主义精神文明建设的内容纳入法治的轨道，对于很多其他国家法律没有明确规定的个人道德准则，制定了相关的惩罚条款。这些举措对于走向全面依法治国新时代的我国大学生德育改革颇有启示。

2. 道德教育机构的社会化

道德教育机构社会化，是指道德教育机构从封闭走向开放，从单一的教育提供者转变为多元社会互动中的积极参与者。这一过程包括：一是教育内容的开放性，即道德教育不再局限于传统教材，而是融入社会热点、时事新闻，增强教育的时效性和针对性；二是教育方式的互动性，通过线上线下结合、理论与实践并重的方式，促进教育者与受教育者的双向交流；三是教育目标的广泛性，不仅关注个体道德品质的提升，还致力于社会道德风尚的改善和公民道德素质的整体提高。

道德教育机构的社会化是时代呼唤下的新使命和路径。随着社会的快速发展与变迁，道德教育机构在塑造社会道德风尚、提升公民道德素质方面的作用日益凸显。道德教育机构的社会化，即其在更广泛的社会背景下运作，与社会各界建立紧密联系，共同推动道德教育的普及与深化，适应社会发展需求，促进道德共识形成，提升道德教育效果，已成为时代发展的必然趋势。

面对教育资源分配不均，社会参与度不高，教育内容与方式创新不足等不利因素，为了实现道德教育机构的社会化，需要加强政策引导与支持，构建多元化教育平台，深化校企合作与社区联动，推动教育内容与方法创新，强化社会监督与评估，使道德教育机构更有效地融入社会，发挥其在提升公民道德素质、促进社会和谐稳定方面的积极作用。未来，道德教育机构应继续探索社会化的新路径，为实现中华民族伟大复兴的中国梦持续贡献力量。

3. 教育实践环节的社会化

社会实践是国外高等教育中十分重要的基础性教学环节，不少大学生经常主动参与捍卫国家经济安全、维护民族利益等具有社会和政治意义的活动，组织保护生态平衡、扶贫救助、扶老助残等公益性服务实践，从而了解经济社会发展水平及社会人才需求，不断增强主动学习和发展的动力。为了培养大学生的自我教育、自我管理和社会适应能力，以及树立爱国爱民的道德信念，一些国家政府通过法案和专款支持高校校外实践教育工作，并建立了指导联盟来促进不同地区的实践活动。现代德育的核心目标是通过培养社会责任感和道德意识，引导学生树立正确的价值观，并促使他们在行为举止上符合社会道德标准，不断完善自身品行和人格。这一过程包括参与各种社区服务计划和活动，如关怀与分享、领导责任、福利服务、环境保护以及临时性服务活动，从而培养学生自主的道德意识和行为。这个过程需要大学生全方位的自觉参与，主动学习，反思感悟，在现实实践中感受知识的温度、检验知识的精度、拓展知识的深度。新形势下，我国高校德育工作应当以社会主义核心价值观为引领，直面社会开放和价值多元的现实，着眼道德冲突，正视道德困惑，不断提高大学生的道德判断力、选择力、创造力，让他们积极面对人生，主动创造生活。

第二节　新时代高校德育工作的困难与原因探析

在新时代背景下，高校德育工作面临着前所未有的挑战与机遇。随着社会的快速发展和变迁，人们的价值观日益多元化，给高校德育工作带来了新的困难与考验。

一、新时代高校德育工作的困难

1. 德育观念相对滞后，难以适应新时代要求

在新时代背景下，部分高校仍过于强调智育的重要性，忽视了德育的培养。应试教育体制的影响根深蒂固，易使得师生双方对德育缺乏足够的重视。德育观念相对滞后，不仅难以适应新时代的发展要求，还可能导致学生道德素质的缺失。

2. 德育内容单一，缺乏时代感和现实性

高校德育内容往往偏重政治理论和政治观点教育，忽视了学生其他道德需求，如人格教育、法治教育、就业观教育以及心理咨询等，这些内容的缺失使得德育难以引起学生的共鸣和兴趣。同时，德育内容与现实生活存在脱节现象，缺乏时代感和现实性，难以达到预期的教育效果。

3. 德育方法传统，难以激发学生兴趣

高校德育方法普遍采用灌输式教育，忽视了学生的自我教育和自我选择意向。这种传统的德育方法不仅难以激发学生的兴趣和动力，还可能导致学生的逆反心理。在新时代背景下，德育方法需要不断创新和改进，以适应学生的需求和特点。

4. 德育合作不够紧密，难以形成合力

高校与教师、家庭之间的合作不够紧密，导致德育资源未能得到充分利用。缺乏有效的沟通机制使得德育工作难以形成合力，影响了德育工作的针对性和实效性。在新时代背景下，需要加强高校与各方之间的合作与交流，共同推动德育工作的顺利开展。

二、新时代高校德育工作困难的原因

1. 应试教育的影响

长期以来，应试教育在我国教育领域占据主导地位。在这种导向下，学校、家庭和社会均过于关注学生的学术成绩和升学率，而忽视了德育的培养。这种观念导致德育在应试教育中往往被视为次要或辅助性的教育内容，难以得到足够的重视和投入。

2. 社会环境的复杂多变

随着社会的快速发展和变迁，人们的价值观日益多元化。这种多元化给高校德育工作带来了新的挑战和考验。一方面，网络舆论环境的复杂多变，不时出现违背社会价值观的言论和思想，易给部分学生造成了认知误导；另一方面，社会竞争日益激烈，学生容易受到网络舆论的影响，产生巨大的压力和焦虑情绪，使得德育工作更加难以有效开展。

3. 高校德育工作机制不健全

高校德育工作机制尚存在诸多缺陷和不足，如责任不明晰、制度不到位、人力系统不完善等。这些缺陷导致德育工作难以有效推进和实施。同时，缺乏科学的评价体系和衡量标准使得德育工作的成效难以量化和评估，进一步影响了德育工作的积极性和实效性。

4. 师生对德育的认识不足

部分师生对德育的重要性认识不足，缺乏积极参与德育工作的意识和动力。这种认识不足不仅导致德育工作难以开展和实施，还可能对学生的全面发展产生消极影响。在新时代背景下，需要加强师生对德育的认识和理解，提升他们的德育意识和素养。

三、提升新时代高校德育工作实效性的建议

1. 更新德育观念，适应新时代要求

更新德育观念，摒弃应试教育的弊端，将德育置于与智育同等重要的地位。同时，要加强师生对德育的认识和理解，提升他们的德育意识和素养，

通过举办讲座、研讨会等活动形式加强德育宣传和教育力度。

2. 丰富德育内容，增强时代感和现实性

丰富德育内容，注重人格教育、法治教育、就业观教育以及心理咨询等方面的培养。同时，要结合现实生活和社会热点问题开展德育工作，增强德育的时代感和现实性，通过案例分析、社会实践等形式让学生更加深入地了解社会现象和道德准则。

3. 创新德育方法，激发学生兴趣

创新德育方法，摒弃灌输式教育的弊端，注重学生的自我教育和自我选择意向。通过小组讨论、角色扮演等形式激发学生的兴趣和动力，让他们在参与中学习和成长。同时，要加强网络德育建设，利用网络平台开展德育工作，拓宽德育渠道和形式。

4. 加强德育合作，形成合力

加强高校与教师、家庭之间的合作与交流，共同推动德育工作的顺利开展。通过建立有效的沟通机制和评价体系促进各方之间的合作与交流。同时，要加强与社会各界的联系与合作，充分利用社会资源开展德育工作。

第三节　新时代高校德育工作的意义

一、高校德育工作的意义

德育工作的重点在于对大学生进行做人、做事、做学问等方面的教育，培养正确的价值观、人生观和世界观。做人，就是要对大学生进行理想信念的教育，使其具有爱国主义和集体主义的思想，树立远大的理想与奋斗目标，并为此而努力。动手，就是要训练大学生的社会实践技能，通过他们在学校里参与的各种活动，参加的各类工作，培养严谨踏实、精益求精的工作作风，以及统揽全局、随机应变的工作方式。治学，就是要促进学生养成实事求是、勇于攀登的作风。

二、高校德育工作的实效性

高校要从成功的道德教育中汲取经验、汲取营养，就应当从对大学生身体、心理发展规律、年龄特征的重视出发，充分利用学生的心理需求，综合考虑到学生的个体差异，建立健全德育管理规章制度，加强德育教师队伍尤其是高校辅导员队伍的建设，加强对宿舍文化的管理。

（一）关注大学生的身心发展特征

1. 关注大学生的心理需求

老师必须掌握学生的需要，对于学生不需要或不关心的内容，不必强求。在实际的德育工作中必须尊重学生的利益，关注学生身心的发展和他们的年龄特点。

2. 巧妙利用兴趣激发参与愿望

兴趣点就是人们在做事时感兴趣的东西。任何一件事，只要用心去做，总会有收获的。因此，老师要擅长培养兴趣点，从兴趣点开始，培养学生的兴趣爱好，拓宽他们的知识面。只要找到了兴趣，学生们就会觉得原来不喜欢的事情也变得有趣起来。这不但提高了学生的兴趣，而且也增长了他们的知识。

3. 善于运用竞争激起参与热情

竞争意识，从其实质而言就是主动精神。高校应该使大学生树立强烈而正确的竞争思想，积极、勇敢地投身到竞争的队伍中去，通过竞争激发他们主动参与的热情和动力。

当代大学生在思想观念、生活方式、交往模式等方面都存在着自己的特点，而其中较为突出的特点是具有良好的网络接受能力，其信息资讯来源方式以互联网为主。因此，高校要充分利用计算机、互联网、新媒体等方式，对大学生的思想状况进行了全面的把握。在课堂教学中，教师要善于运用多种网络平台，及时掌握学生的思想动态、行为模式和遇到的问题。将网络与学生融合在一起，把人放在核心位置上，构建一个和谐的人际关系。在此过程中，要着重运用真诚、尊敬、接纳、关心的态度来感染并影响对方，从而使他们的想法和行为发生变化。在此基础上，要运用现代技术，建立在线道德教育团队，借助互联网的快捷、方便、价息量大的优点，充分利用社会上的各类德育资源，来创造一种良好的道德教育环境，因为互联网的开放和信息的多样性，给大学教学带来了大量的教育资源，对学生进行全方位、全过程的教育。

（二）把握关键点，强化引导教育

从古代到现在，先进典型的示范效应一直是对人们进行思想政治教育的一项重要内容。先进典型的表率作用，一旦变成学生们的行动自觉，其优化高校学院德育工作的力量是巨大的。

通过召开表彰大会，以及邀请优秀毕业生和先进工作者为在校生作事迹报告等方式，广泛宣传先进典型。在构建和谐校园的过程中，开设先进典型的宣传和报道专栏，树立起身边可敬可学的楷模，激发他们的学习热情，乐于奉献，积极进取，立志成才，报效祖国。

利用反面典型促进德育工作开展。在开展高校德育工作时，不仅要通过正面先进的典型进行，还要从反面典型中发现问题，敲响警钟，总结经验教训。要使思想政治教育工作真正起到导向的作用，就必须采取相应的措施。利用受到处分的个别大学生的案例，进行广泛的警示和法治教育，使大学生能够对照反面典型，深刻汲取经验教训。在发挥先进典型作用的同时，剖析反面典型，建立健全全方位、立体化的预警防范机制，见微知著、防微杜渐，及时把不正确的思想和现象解决在萌芽之中，从而牢牢把握德育工作的主动权。

（三）推动大学生树立正确的价值理念

根据高校德育目标的职业性，思政课老师要突出职业性的特征，达到在教学内容上有的放矢的目的。比如思想教育要以正确的世界观、人生观和价值观为重点，要让学生树立正确的职业观，良好的职业道德意识、职业法纪和守纪观念、良好的职业心理等。

高校教师要树立全新的人才观、德育观，转变传统的育人方式，强化情感教育，以情感人、以德服人，促进大学生全面发展。在实施道德教育的过程中，要充分考虑大学生的个性特点，充分发挥人的主观能动性，培养大学生的独立和创新精神。要建立以德为本、以技术为本、德技并举的科学观念，才能更好地发挥德育作用。

（四）优化德育教学过程

1. 挖掘学科教学中的德育资源

专业课教师要参与到德育工作当中来。学生在校期间，教师是他们最为敬重的人，教师不仅在专业学习上要给予学生指导，还要关注学生的思想和心理。

专业课教师的学识、人品和言行对学生起到潜移默化的作用，既能达到德育教育的效果，同时也利于学生的专业知识增长。要真正发挥"个性启蒙"和"德育"的作用，教师应具有以下几个方面的能力：一是教师要有良好的个性；二是教师要把学生的品德生活和个性发展作为一项重要任务来对待；三是教师要有能力让学生参与到对道德的探讨中来；四是在一系列的道德和价值观问题上，教师要有清晰的表述和清晰的态度；五是教师要引导学生对别人所处的道德境遇产生共鸣；六是教师要营造良好的德育氛围；七是无论是在学校里还是在社区里，老师都应该让学生有机会参加各种活动，这样他们就可以获得对自己的行为有益的体验。

2. 加强大学生的素质教育

素质教育对学生的全面发展起着至关重要的作用。因此，高校要开设人文类课程，培养学生的兴趣和爱好，为高校学生营造一个良好的学习氛围。在德育工作中要渗透人文关怀，走一条人性化的道路，也就是说，在教育中，要对人进行了解，从而使大学生的个性得到完美的发展，提高他们的道德品质，使他们的人格魅力得到完美的发挥。

3. 加强教师的职业德育

加强职业德育体现在敬业精神教育、勤业精神教育和创业精神教育这几个方面。"服务意识"将成为新的核心观念，它表现为服务态度和服务质量，并体现为四个职业道德基本规范：忠于职守、敬业乐业；业务精深、优质服务；协同合作、团结守纪；公平正当、诚实守信。职业德育要以为人民服务为核心，以职业道德规范教育为主要内容，结合行业特点和行业职业道德规范，使教育内容具体化。进行"精通业务、遵纪守法；爱岗敬业、诚实守信；优化服务、信誉至上"的教育，通过职业德育，使学生逐步树立敬业意识、服务意识、质量意识和法纪观念，增强抵制行业不正之风的能力。

4. 加强师生之间的交往式教学

"师生互动"是指师生互动的过程。教师与学生的关系、学生与学生的关系、班级与班级的关系、不同专业之间的关系，都是学生道德品质的最主要的影响源。教师与学生的关系，是教师和学生共同组成一个团结、向上、有凝聚力的团体的纽带。平等的对话，真情实感的交流，是在老师对学生的理解与尊重的基础上，聆听学生的内心，了解学生的心理状况。

坚持学生的主体地位，对学生的自主性进行培养，把道德教育转变为启发式、参与式、讨论式、贯彻疏导的方针，对学生进行思维启发，尊重学生的个性和才能，让他们的主体性和创造性得到充分的发挥。

5. 加强大学生的社会实践

社会实践是根据德育的目的，有组织有系统地把学生带到社会中去，通过与社会的广泛接触和个人经历，了解社会，独立地进行学习和探究，以此来提升自己的思想意识，发展自己的人格特点，培养自己的意志品质，培养自己的社会责任感。

（1）社会实践的内容

在实践教学中，对专业课的强调过重，而忽略了理论的讲授。实践教学主要是学生利用各个假期进行社会实践，进社区、到基层去进行主题宣讲、时事宣讲以及普法宣传等。高校加强专业建设不容置疑，因为它的最大特色就是以就业方向为指导培养人才，但需要同步加强理论教育以及时事教育，鼓励学生在社会实践中进行宣讲。

（2）社会实践的组织

在组织社会实践小组的过程中，要鼓励学生进行跨学科、跨专业的选题，这有利于扩大学生的知识面，激发他们的想象力和创造力。另外，各大院校普遍设有社会实践基地，使其效益得到最大程度的发挥。

（五）优化高校宿舍文化建设

积极把学生素质教育融入学生的寝室文化中，把学生自我管理融入学生的生活中。要构建高校寝室文化的长效机制，使大学生管理职能、服务职能和教育职能得以充分发挥，形成一种新型的自我服务模式。因此，深入研究大学生寝室文化，对高校寝室文化的建设具有重大现实意义。

1. 统一学生认识

大学生宿舍文化建设起着至关重要的作用。高校领导、德育干部和教师的参与及引导，是大学生宿舍文化建设的支撑。高校教师要把思想和作风统一起来，要在思想上意识到，尽管社会文化和校园文化对寝室文化有着很大的影响，但不同的寝室其文化不完全相同，因此要重点明确学生寝室文化的位置，有的放矢开展文化建设。

当代大学生正处于一个人生观、价值观未完全形成的关键期，单一的批评教育不是最好的办法，教师、辅导员们需要寻找教育引导的新方法、新途径。高校要抓住关键时期，针对学生的具体背景和特点，充分利用宿舍文化这一载体，科学地对学生进行职业价值观教育，致力于减少迷茫，引导树立正确的择业观。

2. 加强对宿舍文化的管理

（1）加强寝室管理队伍建设

要强化寝室文化，必须从强化寝室管理团队入手，让教育在寝室里生根，以寝室为阵地，进行思想政治教育，关注学生的全面发展。

（2）建立和完善寝室的管理体系

高校寝室文化建设离不开一套行之有效的规章制度。唯有如此，才能确保学生拥有良好的学习与生活秩序，培养良好的学习与生活习惯。

（3）要充分利用好学生的中坚力量

要搞好宿舍文化建设，必须以教师为主体，以管理人员为主导，以德育工作者为中心，以规章制度为保障。但是，这是远远不够的，还是要靠学生自己。所以，在构建寝室文化的过程中，正确地选择寝室长是必不可少的一环。

3. 构建高校特有的宿舍文化

（1）营造文化家园

学生可依个人偏好自行设计宿舍名称及宿舍训言。书架上整整齐齐地摆放着教科书，还有学生们喜欢的文艺书籍、杂志等，墙壁上还贴着擅长书法的学生的格言，一句句发自内心的话语，是他们对学校生活价值的深切思索，在这种熏陶下，学生们可以建立起信仰、锻造人格、升华灵魂。

（2）建造个性体育之家

不同地区不同个性的学生聚在一起，寝室文化具有差异性，尤其是在男生寝室里更是如此。在一个寝室里，如多数学生都对体育运动充满了热爱，那么各种各样的运动项目是他们最感兴趣的话题。构建高校独具魅力的宿舍文化，就要从学生喜好出发，唯有如此，才能促进学生将宿舍当成自己的家，才能把宿舍文化维系好、建设好。

（3）营造艺术和创意的家园

营造浓郁的艺术气氛，对寝室文化的建设提出了更高的要求。大学时期对于每一个学生来说，是处于一个充满了激情、梦想、憧憬的最好时期，要充分借助这一优势，让学生的特长、想象力和创造力充分激发出来，通过目标式的逐梦和追梦，积极营造具有艺术和创意的寝室文化。

第四节　新时代高校德育工作目标与创新

高校德育工作的目标和内容是有效实施德育的关键。德育目标不清晰不明确，就容易迷失德育工作的方向，造成德育内容缺乏针对性，以及缺乏有效的抓手等问题。因此，要使高校德育更加务实有效，在学生的成长发展中承担并发挥塑造灵魂、培养情操、锤炼意志和提高素养等作用，必须高度重视德育目标与内容的研究。

一、新时代高校德育目标和内容创新的内在要求

所谓的德育目标，就是在德育活动中，受教育者在品德的形成和发展方面，所要达成的整体要求。换言之，就是道德教育活动要实现的预期目标或成果的质量标准。时代的变化与新的发展需求，国家未来发展对学生培养的新要求，促使高校教育发生变革，德育的目标和内容也应随之作出相应调整。

（一）社会发展的要求

进入 21 世纪后，世界发生重大而深刻的变革，人们的思想观念、价值取向发生很大变化。同时，随着互联网等新兴媒介的迅速发展，在为大学生们提供学习、娱乐新途径的基础上，一些腐朽、落后的文化以及有害的信息也在网上蔓延。部分大学生受到负面因素的影响，其价值观发生了变化，甚至出现了精神空虚和行为失范等现象。

实现中华民族伟大复兴，需要加大对中国特色社会主义理想信念，以及正确的世界观、人生观、价值观的培养力度，使之具有坚定的理想信念和崇高的人格魅力。为此，要加强大学生的思想道德建设，首先要从加强爱国情感做起，弘扬和培育以爱国主义为核心的伟大民族精神，让他们尽快树立起民族自尊心、自信心和自豪感。二是要树立自身的远大志向，树立并培养坚定的理想信念，通过多维度多方式的教育，促进大学生对社会发展规律有一个清晰的认识，对祖国的未来和命运有一个准确的判断，将自己的成长和发展与中国特色社会主义伟大事业相结合，肩负起建设祖国、复兴民族的光荣使命。三是要从规范行为习惯入手，培养良好的道德品质和文明行为，对"爱国守法、明礼诚信、团结友善、勤俭自强、敬业奉献"的基本道德准则和集体主义精神进行积极宣传，使他们建立心中有祖国、心中有他人的意识，了解做人做事的根本原则，具有文明生活的基本素质，熟练掌握人与人、人与社会、人与自然之间的根本关系。四是要从提高大学生的基本素质

入手，以促进他们的综合发展为目标，积极培养劳动意识、创新意识、效率意识、环境意识和民主法治意识，积极培育斗争精神、进取精神、科学精神，提高学生的动手能力、自主能力和自我保障能力。

（二）教育现代化的要求

引导大学生树立并自觉践行社会主义核心价值体系，才能使他们成为社会主义的合格建设者和接班人，并具备坚定而扎实的思想和道德基础，以此提高学生的创造创业创新能力。对我国教育现代化来说，就是要全面加强德育、智育、体育、美育、劳动教育和心理健康教育的创新、协调发展，促进学生安全、健康地成长成才。

（三）学生发展的要求

现代社会对现代人才有需求，同时需要有创造现代化社会的人，如果教育所培养的人只会适应而不会创造，那么，我们的学生只有跟在别人后面跑，只能去遵从别人所设计的规则。在现代社会，只有分数而没有知识、只有知识而没有文化、只有文化而没有修养的人是难以立足于社会的。对一个人来说，知识、文化素质固然重要，但"德"的修养更为关键，在人的整体素质中，"德"具有灵魂、方向和发动机的作用。

大学生素质的培养应具备以下几个方面：第一，学习与创新能力，即批判思考与解决问题能力，创新与创造能力，沟通与合作能力；第二，资讯、传媒与技术技巧，包含资讯获取、资讯沟通与科技素养；第三，生活和专业技能，主要包含：灵活应变能力、自主能力、自我指导能力、社交和跨文化能力、工作效率和能力，以及领导才能和责任心。

二、高校德育目标和内容存在的问题解析

新中国成立后，高校道德教育得到了广泛关注，并取得了丰硕成果，但是存在的问题也显而易见，主要是缺乏针对性和实效性，导致虽花了不少时间和精力，但收到的效益却不明显。这有受应试教育的影响，也有学校德育的核心地位难以体现、德育渠道不畅通以及社会评价体系存在偏差等方面的

原因。与此同时，在进行道德教育时，存在着教育者只重视灌输，把道德观念、道德准则仅作为一种知识予以传授，没有很好地把握学生所处的社会环境、生活方式和思想道德观念的变化进行因材施教；而被教育者缺少了自己的主观能动性，消极被动接受，导致了理论教育与行为训练脱节。

（一）德育目标缺乏目标序列，针对性不足

德育目标是教育目标的重要组成部分，德育目标的设定是德育实施过程中首要的一环。在中国古代，德育的目标取向架构在"修身、齐家、治国、平天下"方面，以"修身"为"圆心"，再向家、国、天下延伸和扩展。"修身"就是要学习如何做人，遵循做人的基本道德准则和准则，进而将做人的道德准则延伸到家庭，将个人与家人之间的关系，进而扩大到国家甚至整个社会，乃至全人类。

从国家为中小学制定的道德教育目标来看，在某种意义上，我们的学校道德教育目标表现出了阶段性和层次性，对不同教育阶段的学生有着不同的需求。例如，小学以培养学生的基本习惯和形成良好的人格为重点，而在中学则以培养学生的世界观、人生观和价值观为重点，应当说，这种区别是符合人类道德认知逐步发展的规律和教育原理的。但由于同一学段的学生也存在不小差异，他们的道德追求及所能达到的道德要求也会有所区别。

（二）德育内容格局偏小，反映时代要求不足

从德育目标和内容的关系上分析，德育内容不仅承载了德育目标，同时，它也是进行道德教育的一个根本因素，只有通过对道德教育内容的有效实施，才能使道德教育的目的得以实现。分析当前德育内容的设计与安排现状，主要存在以下一些问题：

一是德育内容设计上格局偏小，学校通过德育让学生守公德、严私德固然重要，但前提是让学生明大德，为了让我们的学生在未来能够成为担当得起民族复兴重任的全面发展的新一代人才，除了要具备优良的品德之外，还需要具有强烈的家国情怀与社会责任意识，对我国的政治制度有着深刻的了解和认同，对中国特色社会主义的道路、理论、制度、文化有信心。然而，在目前中小学德育实践中，对学生基础道德素养的教育内容较多，而公德教育，尤其是中国特色社会主义制度、民族精神等方面的大德教育的内容相对较少，从而使学校德育内容在高度和深度上显得不够。

二是从目前的道德教育内容结构来看，还存在着道德教育内容体系不够清晰、道德规范的内容之间联系不够清晰等问题，没有充分考虑到学生道德发展的规律，这就造成了现实教学中忽略了学生真实品德发展的现象。部分中小学把德育概括地界定为"思想政治教育"，却无法很好地满足学生在不同发展时期的需要。其根源主要集中在把道德教育内容的主次关系搞混了，忽略了政治教育与思想教育的重要性，忽略了社会主义意识形态在道德教育中的核心作用，片面强调了学生的人格发展需要。

三是在执行道德教育时，对学生进行强制性的教育，只是让学生记诵德育内容要点，没有采取让学生体验、养成的方式方法，缺少生活和情景化的德育内容，与学生的身心发展水平相脱离，与学生的生活实际相脱节，使德育内容成了另一种形态的知识教育，导致学生知行分离情况的发生。

三、新时代高校德育目标和内容创新的策略

要使德育取得实效、德育工作"落地"生根，现代高校德育目标和内容的变革与创新既需要遵循德育规律，又要遵循人和社会发展的规律，要充分研究当前我国社会发展对人提出的道德素养诉求，目的在于实现高校思想政治教育的目标与内容与现代社会的发展需求相适应，加快教育现代化进程的目标。

（一）以教育现代化为导向

伴随着中国现代化的进程，人们也在由传统的文化心态转向了现代的文化心态，他们开始重视当下的社会生活状况与历史命运，并以此来反映出人对现实的理性批评，从而为现实提供价值导向，这是每一所学校、每一位德育工作者所必须思考的重大命题。教育现代化最根本的是要立足于现代社会的发展实际和发展需求，应当具有一种长远的战略思维眼光，而不能仅仅局限于眼前，更不能面朝背地"向后看"。德育目标的改造或重构、德育内容

的创新，自然要以面向未来的思维、以教育现代化为导向，去找寻创新的路径。首先，德育目标与内容的创新，必须深刻把握未来社会对人的素养特别是道德素养的要求，才能找到德育目标与内容创新的科学、合理的依据，才能不迷失创新的方向。

其次，德育目标与内容的创新，必须注重优秀传统道德与现代世界德育成果的有机结合。以教育现代化为导向，另一个重要的思维方式就是要以开放包容、批判继承的态度对待优秀传统道德和现代世界德育成果，使其具有民族性、现代性和国际性。

我国应该注重创新精神、竞争精神、效益观念、平等思想以及公民道德、责任心、合作意识、民主意识等，并把自由、平等、尊重、法治、人权、民主、关心等作为核心价值纳入德育内容。这些是在现代化推进过程中作为合格社会人所应该具有的，自然应当融入德育目标与内容创新。

（二）以体现时代要求为根本

道德不仅具有多样性、层次性，同时也具有时代性，即使是优秀的传统道德，放在今天来实施也必定会被赋予新时代的内涵。因此，调整德育目标和内容时，必须关注时代特征，要把德育实践与学生的生活环境结合起来，与时代对学生成长发展提出的新要求结合起来，只有这样，德育实践才会有生命力，才能取得实实在在的效果。

如今，科学技术的发展日新月异，网络的应用日益广泛，全球化的进程也在不断加快，这给社会的发展、人们生活内容的丰富与提高带来益处，但同时它也给现代社会带来各种问题与挑战，如果不恰当地运用科学技术，很可能会导致生态失衡、环境污染、核威胁等负面后果，因此，当代社会必须通过对人类的科学精神与科技价值观进行教育培育，才能在社会道德、精神价值和科学技术发展之间找到一个平衡点。要做到这一点，可以在下列领域开展教育：一是在经济道德教育中，要注重节约、公正、平等、自信、诚实、珍惜时间和提升效率。二是在网络道德教育中，培养大学生的价值观、道德判断和意志力、网络道德意识和责任感，增强辨别是非、寻求真相、谨慎判断的能力，从而抵制网络上的不良行为。三是通过合作精神的教育，适应当今社会对人际交往和协作的需求，从而培养大学生的团结协作和集体主义精神，培养他们的合作精神。四是以"世界意识"为核心，通过理论与实践相结合的相遇，促进大学生深刻理解构建"人类命运共同体"的内涵与外延，并付之于自身实际行动。五是通过国际了解教育，使大学生通过对自己的文化身份的认同，认识和了解别国道德文化的历史和现状，掌握道德文化的特征和异同，达到能够以包容的态度看待其他国家文化和人民生活方式的目的，提升关注人类共同发展的素质。

此外，坚持创新创造和终身学习也是现时代的重要特征，通过加强创新教育，培养大学生的创新意识和创新创造能力；通过培植大学生的终身学习观，培养学习兴趣、养成良好的习惯以及提升学习能力。此外，还需提高大学生探究能力和实践能力，这也是时代赋予现代学生的重要使命。显然，上述这些自然都应该成为现代德育的目标和内容创新的重要选择。

因此，积极回应时代提出的新要求，是德育目标和内容创新的根本；忽视时代需求，德育就会变成无源之水，就会被时代所抛弃。

（三） 以提升道德素质为归宿

伦理就是人类的伦理，人是伦理的主体。人是为生存而培育自己的道德，并提高社会的道德水平，而不是为道德而道德，将人当作工具来培育。因此，在进行德育目标和内容创新时，除了要关注德育本身的规律外，要更加关注大学生自身发展的内在逻辑，以及成长发展内在的需要和规律。当今大学生在想些什么，他们的兴奋点在哪儿，他们的需要什么，这些需求与时代对他们的要求是否一致，这都需要我们去积极研究和探索，找到德育与学生之间的结合点。

在德育目标和内容创新设计时，要充分重视道德的层次性和结构化，根据不同的教育目标，进行不同的思想政治教育，各个教育阶段的德育内容、德育目标要保持有机联系、梯次递进，不能前后颠倒、相互割裂。

对处于大学阶段的学生来说，重点是抓好主流文明与政治品质的载育和培养。这一层面的道德教育是以中华传统美德为主题，以爱国主义、集体主义和社会主义为主要内容，以此培育出一批优秀的社会主义公民。

第二章　新时代高校德育的架构

第一节　新时代高校德育的内部关系

一、德育社会性和个体性的关系

（一）德育的社会性

人的本质具有社会属性，良好的社会环境和制度像"空气""土壤"一样，为个人品德的成长提供了有利条件；个人对崇高道德理想的追求，也在不断改进不合理的社会制度。在教育目的的理论中，曾经有社会本位和个体本位的争论。德育的社会性是指根据预设的社会理想来规范人的道德行为，着重于人对社会应承担的责任和义务，它通过社会环境、社会活动和社会关系来影响并培养学生的道德认知、情感和行为，以使他们成为合格的公民。

（二）德育的个体性

个人本位论者强调从人的需要、个人价值、行动自由出发，摆脱社会各种制度和规范对人的限制和束缚。由此可见，完整的道德品质应该是自我价值与社会价值的融合。德育既要体现社会性，也要体现个体性，实现二者的结合，是德育的发展方向。在多元化和民主化的社会中，德育更应该突出人的主体性，关注教育对象的生命性、能动性、差异性和创造性，进而激发主体参与德育的积极性。

道德教育的社会性与个性化是相互制约、相互渗透和融合的，它是在现实的历史社会中与道德教育相结合的。在社会与个人的关系中，社会是由许多个人构成的，每个人都是一个互相依存的社会人，彼此之间并没有排斥或对立的关系，因此，社会道德个性化与个人道德社会化相辅相成，相互促进。

二、科学精神和人文精神的关系

（一）科学精神

科学精神是人类在长期的科学发展过程中形成积淀并与科学特征相结合的思想、态度、理想、兴趣、情感和意志等心理特征的总和。其涵盖了探索真理的理性精神、实验求证的务实精神、开拓创新的积极精神、竞争合作的宽容精神和坚定执着的敬业献身精神。科学精神是一种在实践和认识中崇尚科学、坚持真理的尺度，自觉按客观规律办事，反对任何形式的主观主义和迷信愚昧，对认识和改造世界充满自信的精神。

科学精神是理性的结晶，它利用事实、规律、要素、原因等概念展示客观现象的内部联系和本质特点，并通过客观语言的总结呈现其有目的的行为和意向性。技术理性中一个非常重要的问题就是技术伦理，当技术真正关注人的生存，并对人的存在产生影响时，它是极美的。因此，技术的理性实际上归结到人的意义，人的意义的具体体现便是人的存在。

科学精神的核心是创新，整个人类的科技史堪称一部创新史，从简单的结绳记事发展到复杂的电脑，从原始的钻木取火演变为先进的原子能发电，从粗笨的石器工具到精密的机器人，从野居山林洞穴到一百多层的摩天大楼等等，其间经历过无数的创造发明。唯有创新，方可追求新知，持续揭示新矛盾、解决新问题，促使社会不断进步。基于历史发展，现代人才观的标准主要是社会型、智能型、创造型三者的有机结合。

（二）人文精神

"人文"这个词广泛指代人类社会的各种文化现象。而人文精神则是从人民、人类和社会进步的角度出发，对他人和社会抱有高度责任心，是尊重、关怀和爱护他人的一种精神，在本质上是人们在实践中坚持价值尺度这一要求在意识上的反映。这种精神源于人类在自我认识、自我发展和自我完善的过程中，并用于规范、引导和约束人类自身的各种活动。

对于当今的大学生而言，成为一个完整的人意味着不仅要具备科学精神，还要具备人文精神。科学技术如果脱离人文精神，将迷失正确的方向，正如当今环境污染、生态失衡所显示的那样。科学精神和人文精神在人类发展史上一直在不断融合、发展和完善。尽管人文精神无法像科学精神那样完全数字化、公式化、定量化和精确化，也无法保持价值的中立，但在以事实为据、以规律为对象、以实践为标准来展现其客观性和科学性时，与科学精神有着相同的特点。

科学精神与人文精神是不可分割的，它们共同构成了人类文化发展的"车之两轮、鸟之双翼"。没有人文精神的科学精神不具备真正的科学意义；而缺乏科学精神的人文精神也是不完整的。当今"科技时代"和"电子世纪"更是"人的时代"和"人的世界"，高校不仅应该注重培养学生的科技素质，而且应该更加重视人文素质。高校培养的社会人才应既具备科学精神的底蕴，又具有深厚的人文内涵。因此，需要在引导学生学习科技知识的同时，培养其对人的生存和生命意义的思考和关注。

三、外在规约和内在需要的关系

人的内在需求强调道德目的的本质，而外在规范则关注道德形式和结果，这两者涉及实质与形式之间的目的论分歧。这就需要处理好德育与法律教育关系，一方面，道德是法律的基础，道德对法律有支撑的作用，在德育中强调规则、法制要求；另一方面，法律是道德的保障，用法治教育来解决失德问题，强调规则意识、道德自觉。

（一）外在规约

规则、规矩是中国文化的组成部分，是对共享价值和共同规范的维护，要求人接受外在力量为他设计好的道路。规约更多地倾向于法律规定方面的禁止要求，起到道德约束的作用，是道德要求的一种普遍形式。

对于高校而言，"立规矩"的本质是教导和训练大学生有足够的理性和自控力保持正确的行为，因此，"立规矩"必须设定合理的期待值，符合学生心理、认知特征。加强大学生规则意识教育，可以大大降低多部门、多人员参与的德育管理成本，产生了既降低德育管理成本、又增强德育管理效益的系列"价值链"。

（二）内在需要

品德发展的内在需求体现了学生对特定社会道德要求的主观认知，即学生在自身成长过程中对品德所产生的一定期望和倾向。德育旨在协调主体的正常需求，而非与其相背离。建构主义学习理论着重指出，学生是道德学习的核心，任何外部影响都必须经过思想内部的矛盾冲突才能生效。从品德的形成过程来看，受教育者在教育者的引导下，将外在的社会规范转化为个人内部的品德意识和情感，并通过行为体现出来。这种内化的根本动力源于人的道德需求和主观能动性。换句话说，个体在接受德育内容时并非全盘接受，而是经历了一个过滤、筛选和吸收的过程；只有激发内在需求，让个体主动参与，外界影响才能通过个体发挥作用，从而实现道德内化。如果一个人做出符合社会和他人期望的道德行为，并同时感受到高尚的情感和内心的愉悦，那么他就能运用智慧和心灵去理解道德观念，成为一个具有道德敏感性的人。

德育既有规范性一面，规范性强调的是"底线论"，不能违背；又有倡导性一面，倡导性强调的是"高标论"，始于人的信仰追求。

假如外在要求没有顾及学生的品德基础和实际需求，那么就无法有效地转化为学生的自觉行为，执行起来也会相当困难。德育若只依赖灌输和说教，则难以达到预期效果，其原因就在于这需要对受教育者有全面的了解并给予充分的尊重。为此，我们有时候不应把德育作为外在规范来约束人的行为，而是应该尊重受教育者的道德意愿和差异，由外在规约走向内在诉求，将社会规约遵守与主体自觉参与融为一体，以此培育青少年品德的生命样态。

四、人与自然环境的关系

自然乃人与万物之根本，人本身即是从自然界中衍化而来，是自然界中一个特殊的部分，亦可称作"自然存在体"。人作为"自然存在体"，且作为有生命的"自然存在体"，一方面具有能动性的特征；另一方面又是被动的、受约束和受限制的存在。然而，人类为了提高生活质量，借助于科技手段提高了自己的生存能力和经济增长速度，不断改变着地球的面貌、掠夺自然，在享受自身发明创造成果的同时，也承受着生存的灾难与威胁，导致资源匮乏、环境污染、生态失衡，人类赖以生存的自然环境已经走向崩溃的边缘，平均每小时就有一种物种灭绝，便是例证。

首先，生态道德观念教育。就人与自然之关系而言，物种间相互关联，构成彼此依存之食物链。倘若某一特定物种丧失其栖息地或无法觅得其惯常食用之物，必将灭绝，进而致使整个食物网（食物链）破裂，而修复此事较为艰难，甚或无从下手。

其次，生态道德情感教育。生态道德情感是人们对山川湖海、各种动物、植物乃至整个地球"母亲"发自内心的尊重、热爱、赞美的情感体验。

再次，生态道德规范教育。教育者应该做的是培养青少年生态道德观、绿色消费观和绿色行为素养，要求尊重、顺应、保护自然。其一，所有人皆享有生态环境不遭污染与破坏之权利，进而得以过上健康且健全的生活，并承担保障子孙后代生存所需之"责任共担"；其二，地球上一切生物物种皆享有其栖息地不被污染与破坏，从而能够延续生存之权利，人类负有保护生态环境之责任；其三，人人皆有责任关怀他人及其他生命，破坏、侵犯他人及生物物种生存权利之行为是违背人类责任之举，应严禁此类不道德之行为。

第二节　新时代高校德育的内容

高校德育在大学生健康成长的塑造以及学校工作的促进上，起着极其关键的引导、推动和保障作用。学校德育应依据学生身心发展的特征与规律，以培育和践行社会主义核心价值观为指导方针，秉持以人为本、德育为先、能力为要、全面发展的理念，致力于培养德智体美全面发展的社会主义建设者和接班人。

一、高校德育教育的内容

高校德育的目标，是将大学生培育成爱党爱国、有理想、遵纪守法、具有良好道德品质和文明行为习惯的社会主义合格公民，成为中国特色社会主义事业合格的建设者和可靠的接班人。德育教育的主要内容是：

1. 理想信念教育

开展中国特色社会主义和中国梦教育；倡导"富强、民主、文明、和谐，自由、平等、公正、法治，爱国、敬业、诚信，友善"的社会主义核心价值观教育；开展立足岗位，奉献社会的职业理想教育。

2. 爱国主义教育

爱国主义教育的内容比较广，包括中华民族悠久历史教育和优秀传统文化教育、党的基本路线和社会主义现代化建设成就教育、中国国情教育、社会主义民主和法治教育、集体主义教育、理想道德教育等。

3. 关于品德的教育

主要内容包括加强社会道德、职业道德、家庭美德、个人道德等教育，日常行为规范和文明礼仪的教育和培训，以及关于生命安全、环保等主题的教育。

4. 加强对法律的认识

主要包括对基本的宪法法律常识，专业操守及职务守则等方面的教育。

5. 关于就业的培训

主要包括职业素养的培养，以及终身学习与可持续发展的专业教育。

6. 思想政治教育

《大学生思想政治理论课》是大学生思想政治理论课的重要组成部分，

需要高度重视并加强辅导和帮助。在此基础上，还应结合国情和社会发展的需求，对大学生进行时事和政策的教育。

二、高校德育教育的实施途径和要求

（一）课程育人

要充分利用课堂教学的主渠道作用，在每一门学科的教学目标中，把德育的内容贯彻到每一门课程的教学目标中去，把它贯穿于教育教学的整个过程中。加强道德教育教学。按照义务教育和普通高中的课程要求，在规定的时间内上好"道德与法治"和"思想政治理论"课，不能减课，也不能挪用。

充分发挥其他学科的道德教育作用，要针对各年级、各学科的特点，对每一门学科所包含的道德教育资源进行全面的发掘，并在每一门学科的教学中进行有机地整合。

语文、历史、地理等课程要充分发挥课程中的语言文字、传统文化、历史地理常识等丰富的思想道德教育因素，对学生进行潜移默化的世界观、人生观和价值观的引导，数学、科学、物理、化学、生物学等课程要注重培养学生的科学精神、科学方法、科学态度、科学探究能力和逻辑思维能力，使学生形成勇于创新、求真求实的思维素质。音乐、体育、美术、美术等课程应注重对学生的审美情趣、健康体魄、意志品质、人文素养和人生态度等方面的培养。外语教学应注重培养学生的国际视野、国际理解能力、综合人文素质。

（二）文化育人

要按照高校的办学思想，在创建文明校园的过程中，根据自己的实际情况，进行自己的校园文化建设，让校园在有一个良好的秩序、美丽的环境基础上，有一个积极的、有格调的校园文化，提升校园的文明程度，使整个校园到处都是教育的地方。

1. 优化校园环境

学校的建筑、设施、布局、景观做到安全健康、温馨舒适，让校园里的每一棵树、每一块石头都能体现出教育的导向与熏陶。

2. 营造文化氛围

凝聚学校的办学思想，强化校风学风建设，形成强大的精神力量，引领全体学生向前发展。鼓励按照教育规律，制作体现具有学校特色与理念的校徽、校训、章程、校歌、校旗等，并进行教育展览，同步办好并提升校报、校刊质量，针对性开展德育工作。要加强班级文化建设，引导大学生积极参与班级名称、班级纪律、班级歌曲、班级徽章、班级口号等，以此增强主人翁精神和团队凝聚力。

3. 建设网络文化

积极构建校园绿色校园网，对网上道德教育资源进行开发，建立校园网站、论坛、邮箱、博客、微信群等在线宣传与交流平台，利用互联网开展主题班（队）会、冬（夏）令营、家校互动等活动，在指导大学生正确使用网络的同时，提升交流互动的效率。

（三）活动育人

高校要精心设计，组织开展主题明确、内容丰富、形式多样、具有吸引力的教学活动，用鲜明的、正确的价值观对大学生进行引导，用正面的力量对其进行激励，促使他们养成良好的道德品质和行为习惯。

1. 举办周年纪念活动

以中华传统文化为载体，开展校园文化活动，如：介绍节日的历史渊源、精神内涵、文化风俗等，提高大学生对节日的体验感和文化意识。在重要的节日，如植树节、劳动节、教师节、国庆节等，都要集中开展爱国爱党爱国、民族团结、热爱劳动、尊师重教、爱护环境等活动。

2. 举办学校艺术节（会）

通过举办丰富多彩、寓教于乐的校园节庆（会）活动，使大学生的兴趣爱好得到充分的发展，丰富了校园生活、锻炼意志，使其身心得到了健康的发展。

3. 开展共青团工作

健全学生社团工作的管理体制，建立各种类型的学生社团，如体育、美术、科普、环保和志愿服务等。增强共青团对学生组织和学生社团的领导和管理作用。

（四）实践育人

1. 组织主题实践活动

充分发挥爱国主义教育基地、公益性文化设施、校外活动场所、专题教育社会实践基地以及公共机构、企事业单位等作用，组织开展各类主题实践活动。要充分发挥历史博物馆、文物陈列馆、物质文化遗产和非物质文化遗产的优势，积极推进中华文化的传承与发展。要充分发挥体育研究机构、心理服务组织和儿童卫生机构的作用，促进身心和身体健康。

2. 强化劳动锻炼

将劳动教育贯穿于高校的日常运作之中，积极组织大学生参加校园的清洁和绿化等工作。把课外工作纳入学校的教学内容中，在每一年级都要有设定固定的生产、工业、商业、服务业等体验时间。

3. 组织研学活动

将研学旅游纳入学校教育教学内容，推动研学旅游与学校课程、德育体验和实践锻炼等有机结合；充分发挥研学实践基地的作用，针对性开展自然、历史、地理、科技类、人文类、体验类等不同类型的研学旅游。

（五）协同育人

要积极争取家庭和社会对学校道德教育的支持，使父母重视家庭道德教育，为社会创造一个积极的社会环境。

在加强对家长委员会、家长会、家访、家长开放日、家长接待日等多方面协调的基础上，加强对学校的教育工作的指导，对学生的思想和行为进行及时了解、沟通和反馈，让父母了解学校的办学理念、教育教学的改进方法，并协助父母改善家教。

要加强与当地宣传、治安、公安、司法、民政、文化、共青团、妇联、关工委等部门和组织的联系，充分发挥党政机关、企事业单位领导干部、专家学者和老干部、老战士、老专家、老教师、老模范的作用，建立多方联动机制，搭建社会育人平台，实现社会资源共享共建，净化学生的成长环境。

第三节　高校德育架构的基本原则

一、高校德育的构建原则

要使德育工作顺利进行，既要有科学的目的，又要有恰当的方式。新时代大学道德教育要遵循以人为本、整体和谐、传承与创新的原则。

（一）以人为本原则

新发展理念下的共享发展，就是要坚持以人为本，以人的发展为终极目标。在道德教育中，人是道德教育的直接对象，"以人为本"的基本思想是要重视人的成长发展需求，将促进人的全面、协调发展贯穿于道德教育之中。在高校建设和谐道德教育的实践主体中，除了大学生之外，还有具有充分主观能动性的老师和父母，所以，在进行道德教育时，要始终以学生为中心、以教师为中心、以父母为中心。

第一，要把学生放在第一位，就是要关心学生、相信学生、了解学生、尊重学生的身体和心理发展规律，运用适当的道德教育方式和方式，为学生创造一个良好的学习环境。老师要建立一种新的学生角色概念，改变学生在学习中被动地接受知识的习惯，要让他们自己去探索，去自主地学习；要正确认识学生的个性差异，做到因材施教，因地制宜地开展德育工作；要深刻理解学生的心理发展，重视他们的内心需要，培养他们的责任和义务意识，引导学生学会承担责任、勇于承担责任，学会对自身行为负责、对他人负责。

第二，要以师为本，教师在德育工作中乐于承担重要任务，是学生学习的引导者。所以，高校应该把注意力集中在教师的职业发展上，对他们的劳动成果表示尊敬，同时也要让他们终身学习，让他们有机会去学习、提升、实现自己；应为他们提供有效的激励手段，激发他们的创造力，增加学校的校训内容，针对性开展道德教育，使其感受到自己工作价值和职业成就感，以此促使教师改变自己的角色，抛弃传统的"以师为本"的观念，做学生德育的引导者、促进者和合作者。

第三，以父母为中心，强调父母在大学生道德教育中的角色。要重视学生的家庭道德教育环境，要对父母的教育方式、物质生活条件和教学能力进行全面的了解，学校要跟父母紧密地沟通，让父母对孩子的道德发展情况进行实时的了解。要充分利用父母的德育作用，协助父母采用科学、有效的教育方式，营造一个融洽的家庭气氛，给孩子们树立一个好的榜样。

（二）整体和谐原则

只有对各个环节之间的关系有了正确的认识，从全局的角度来看待问题，才能对事情有一个科学的认识，并且在推动内部和外部要素之间的相互配合下，实现整体的和谐。新发展理念对协调发展提出了新的要求，在高校中，要实现和谐道德教育，必须有一个全面的和谐观念。总体和谐的原理是把道德教育活动中的各种因素看作一个紧密相连的有机整体，明确各个因素之间的关系，从而实现道德教育中各个因素之间的协调。高校德育的和谐，应从教育者与受教育者的关系、道德结构的关系、过程的关系、环境的关系等几个方面入手。要实现教育者和受教育者的全面和谐、使得教学工作顺利进行，就必须建立起一种和谐的师生关系。

在学生的培养目标上，要切实落实素质教育，转变重智轻德的陈旧思想，树立全面发展的素质观，尊重学生的人格发展，掌握好"五育"的协调关系，使学生在身体、心理、生理等各个方面都得到充分的发展。在道德教育中，要把握好学生道德品质发展的实际状况，按照学生道德品质各个因素的发展规律，道德教育应按照"形成道德认识、培育道德情感、锻炼道德意志、付诸道德"的次序进行，使大学生的综合道德素质持续提升。学校、家庭和社会环境是建设德育环境的关键，要将各方面的道德教育要素有机地结合起来，以此构建学校、家庭和社会"三位一体"的网络道德教育网络系统，使各方面的优势得到最大的发挥。

（三）继承创新原则

随着时代的变迁，社会的变迁，我们对和谐道德教育提出了新的要求。传承与创新的原则，是对传统道德教育进行辩证的认识，汲取古今中外道德教育的合理成分，同时又根据时代的要求进行发展和创新。高校德育应从德育内容、德育目的和德育方法等方面进行改革。比如，就道德教育内容而言，我们应对古今中外学校道德教育内容系统中的精华进行继承、吸收，并在其中加入新的内容，体现当代的特征和精神面貌。对传统道德观念进行现代化阐释，把它用通俗易懂的语言纳入当代道德教育的内容体系中；在深化课程改革的过程中，要结合各自的实际，因地制宜地进行校本课程的建设。在道德教育的方法上，除了要继承启发式教学，注重因材施教、榜样示范外，还要对品德评估和自我教育等新的方式进行探索。

二、高校德育的构建基本思路

新时代高校德育的构建基本思路是：在培育理念上做到"三个融合"，在培育路径上实现"四位一体"。

（一）培育理念上做到"三个融合"

1. 德育与智育的融合

优化德育课程系统，把德育课程的设置和智力课程有机地融合在一起，使之结构优化并交互融合，从而形成一套完整的必修课和选修课的课程系统。高校思想政治理论课是高校德育的重要组成部分，在原有的"思想政治理论课"基础上，不断拓展课程的类型，充实课程的层级，加强课内外"育人"。强化教师队伍建设，引导教师学习国内外优秀的思想道德教育，在教学中设置经典导读、方法和素质等方面的课程，使之与专业课程融为一体。将道德教育元素纳入社会科学教育，通过积极的整合，在人文社会科学知识的传递过程中，对思想品德的基础进行形象化的阐述与解释，从而为大学生的道德实践打下坚实的基础。

2. 德育与体育的融合

要充分发掘体育教学中的德育资源，把德育工作融入体育教学之中，让学生通过参与体育运动，达到强身健体、陶冶情操、提升道德修养的目的。比如，在足球、篮球、排球等团体体育项目中，重视战术合作，加强集体意识，培养团队精神；在中长跑运动员的耐力素质训练中，加强毅力的培养；在舞蹈中加强表现力和创造性的教育，培养胆识、智慧、决断力、克服困难、互相帮助等素质；通过对大学生的身体测试，对其进行挫折教育，使其具有良好的心理调适能力，促进其性格开朗、乐观、坚强。

3. 德育与美育的融合

将道德教育的内容融入审美教育课程教学中，使其具有较高的道德热情、向上的道德精神和靓丽的道德色彩，促进大学生树立起马克思主义的审美观，提高对自然美、社会美、行为美和艺术美的鉴赏力。充分利用文艺社团的优势，通过组织各种形式的文艺演出和各种形式的文化活动，提高大学生的审美情趣，使美育与道德教育渗透在日常生活中。

（二）培育路径上实现"四位一体"

1. 思想政治课育人

要将思想政治理论课的价值塑造、能力培养和知识传授有机结合起来，紧密围绕教材、教师和教学等各个方面进行全面的改革，使其真正成为大学生喜欢和终身受益的一门必修课。

2. 学科专业课育人

以德育目标为中心，对专业教学材料进行修改，对课程进行优化，对教学设计、教学管理进行改进，对专业课程中所包含的道德规范进行深入挖掘，让专业教育和普通教育在道德教育中有机地结合起来、相辅相成，促使大学的哲学社会科学教育职能得到充分发挥。在此基础上，结合我国国情，构建适合我国国情的高校哲学社会科学人才培养质量标准。

3. 校园文化育人

以弘扬爱国主义为核心的国家精神作为出发点，通过开展健康、积极的校园文化活动和主题教育活动，使主流思想文化在引导学生的价值观和心智塑型方面具有双重作用。要继承发扬中华民族的优良传统，以立德树人为中心，以家国情怀、社会关怀和人格修养为目标，对中华优秀传统文化和当代价值教育的主要内容进行准确把握，让大学生对优秀传统文化的精髓有所感悟，感受优秀传统文化的魅力和洗礼，不断提高自己的综合素质，增强文化自信和价值自信，自觉地将自己的理想同国家的梦想、个人的价值和国家的建设相结合。

4. 实践活动育人

第二课堂是高校思想政治理论课的重要组成部分。要大力发展高校思政课教师队伍，组织"理论之星"等优秀思政课教师队伍建设。要加强高校思想政治教育的优化完善，充分运用现代化的信息技术、构建实验教学网站等载体，对实验教学方式进行改革。要对实习教学方式进行改革，确定不同类型的实习目标，实行分类指导，保证实习工作顺利开展。要重视学生的主体性，制定并健全科学的评价和奖励制度，鼓励和指导班级、社团等学生团体自主地进行社会实践。

第四节　高校德育机制的建立

从学校与社区互动方面来看，由于认识不统一、沟通不理想、管理不协调，因而存在着校内外教育分割等问题。一方面，学校德育主要是单面的知性教育，没有充分挖掘和整合社区中的德育资源，德育内容不免有些脱离生活实际，缺乏丰富多彩的社区实践活动，难以对学生产生足够的吸引力；另一方面，政府各部门在德育中责任意识不强，社区文化为学校德育服务意识不够显现。因此，要架设学校与社区德育和谐互动的"桥梁"，在相互关联、相互作用中齐头并进、扬优补缺、谐美融合，共促育人机制的生成。

一、学校与家庭、社区的德育目标一致性

一切道德教育活动都有目标，既有个人发展的内部目标，也有社会发展的外部目标。尽管学校、家庭和社区的道德教育起到了不同的作用，但是它们的总体方向和价值取向却是一致的，那就是都以培养具有社会角色的道德主体人为目标，肩负起对青少年公民的培育使命，从而让他们能够肩负起个人、家庭、社会和国家的职责。在家庭和社会道德教育尚未担负起自己的职责时，学校道德教育常常陷入孤立无援的窘境。德育目的的一致性是构建"学校—家庭—社区"和谐互动德育机制的前提。就学校而言，道德教育始终与社会存在有着不可分割的联系。然而，学校教育所遇到的现实问题，根本的原因在于"走不出校园"，脱离了社会实践、家庭生活和自然万物。同时也应看到，在不同环境中，学校、家庭与社区德育的具体要求和做法也有所不同、各有侧重。

社区围绕精神文明建设，其德育目标涵盖了社区规章公约、邻里关系、诚实守信、正义公道等中华传统美德和社会公德。学校德育目标是以社会对人的需要以及人如何适应社会为基准，通过教育活动所达到的受教育者品德素质方面的质量规格和预期结果。但无论学校德育还是社区德育，都应培养青少年个体道德的同一性。一般地说，社区中任何一个组织或群体都有各自的工作目标、活动方式以及影响特征，在德育中扮演各自的重要角色。

二、学校与家庭、社区之间的德育协调

现代德育管理不是居高临下式、灌输式或管控式的管理，而是强调参与管理的各方平等合作、理解尊重、协调互动。这是一种"软"的、有意识的、"感动"的经营。当我们看到或听到某学生打架、不诚信等问题，不能简单地认为学校德育没有做好。为此，应构建"三位一体"的学校、家庭和社区的道德教育制度，构建"共建共治、共建共享"的德育管理体制。

（一）构建完善的组织机构

社区教育协同治理的制度与运作机制是：党委领导、政府统筹、教育部门主管、有关部门配合、社会积极支持、社区自主活动、有效市场介入、群众广泛参与，使之从"开展活动"到"管理活动"，从"组织活动"到"服务活动"，从"有偿"到"公益"。

媒体和社会公众要充分认识到舆论氛围和社会支持，对于培养孩子健康人格和造就未来合格社会主义建设者和接班人的重要性。学校结合所在社区，每学期制订不同的德育活动计划，与社区的德育活动计划协调一致，根据节假日、纪念日、社会重要活动等开展具体的德育活动。计划协调可通过"社区会议"来统筹兼顾，围绕学生德育问题，把教师和家长的要求、政府决策、社区单位意见汇聚起来，寻求合理有效的解决方法。实际上，社区可以设立一个道德教育管理协调组织，通过社区教育委员会，把地方政府、教育行政机关、社区企事业单位、村居民委员会和学校都连接在一起，一方面，让整个社会都能参与到教育中来；另一方面，沟通学校、社会、家庭的联系，发挥德育的主渠道、辅助性渠道和隐性渠道的作用，建立起一个齐抓共管、纵横交错的全方位、立体式的大德育格局。

（二）构建正确的规章制度

德育活动需要完善合理的制度去规范保障。德育制度由社区、学校、家长三方共商共建，确保学校德育在社区活动中的顺利开展。

建立依法办学、自主管理、民主监督和社会共同参与的现代教育体制。现代学校制度是以新型政校关系为基础，以教育发展与人的身体协调发展为前提，以政府和学校、学校和家庭、社区为中心，贯穿着教育质量和效率、公平和民主的协调发展。完善的学校道德教育体系，主要由学生日常行为管理制度、具有共同价值追求的教师集体生活制度、奖惩制度、档案管理制度、活动制度、品德评价制度和校园文化建设制度等组成。高校德育工作要体现"以人为本"，构建民主、规范、动态、广泛参与的学校道德教育管理体制。

（三）构建有效的评价机制

评价既是一种管理道德教育的有效方法，又是确保道德教育目的得以实现的必然途径。建立学校与社区发展性评价模式，拟定评价指标，采用协商评定方式，督查学校德育水平和学生品德状况。由校长、主任、辅导员、班主任及学科教师代表组成学校德育评价小组，采取针对性和可操作性强的方式定期开展评价，对评价结果进行分析、反馈、指导。构建以青少年道德内化为着力点的德育激励机制、评价机制和管理机制，一方面，要重视学生的积极性和主动性，在对学生进行社会道德实践的评估时，要将学生的社会道德实践作为一项重要的内容，在对学生进行有效的评估的过程中，使他们能够更好地认识自己，建立起自己的自信心，使自己变得更加完美；另一方面，科学制定社区教育评价标准，把德育贯穿于社区教育之中，整合共育。加强对社区教育发展状况基本信息的收集和分析，通过学校与社区共同参与来培养青少年道德选择和判断能力。

三、学校与家庭、社区之间的德育资源共享

在社区建设中，社区在培养未成年人道德品质方面发挥着越来越重要的作用。当今世界处于全球一体化的信息时代，德育并非孤立地出现在学校教育之中，而在整个社会生活中则普遍地存在着。在我国城乡社区化进程中，学校与社区共同推进学生德育，能更好促进学生品德发展和人格完善。家庭和社区道德教育是学校德育的重要组成部分，因此，学校要与家长委员会、社区委员会等相关机构保持紧密的联络。

我国家庭德育、学校德育和社区德育资源各有优势，互为补充、相得益彰，且同一内容在侧重点、呈现方式、实施途径方面也可以在互补中扬优补缺。只有将这些优势结合起来，形成一种长效的协作联动机制，才能让学校教育得到更大的发展，进而达到更好的效果。

一般而言，社区德育资源包含了精神文化资源、制度资源、物质资源（如地标性建筑）、人员资源（如爱国主义教育基地、社会实践活动基地资

源）、学校资源（如乡村学校的自然景观和生产劳动、都市中小学科技文化场所等资源）。

学校德育资源包括校园文化建设、师生交往、活动中的德育、学科中的德育等资源，这些资源需要在整合社区各种德育资源中彰显学校德育特色。家庭德育资源包括家风家训、家长素质、教育态度、亲属关系、文化氛围、亲子交往等，家风家教凝结着中华传统文化的卓越智慧，构成中华优秀文化精神的核心价值和精华。

要实现校内资源的开放共享，鼓励各中小学充分发挥场馆设施课程资源、师资力量、教学实训设备等优势，积极开展社区教学活动。根据国家有关规定，在不影响正常教学情况下，学校图书馆、体育场馆向社会开放，让居民享用，提高设施设备的利用率。有条件的学校可派教师到社区教育机构提供志愿服务，发挥共青团组织在社区教育中的作用，让青少年走进社区，了解社会，增强生存能力和社会知识，培养奉献社会的"社会性道德人格"。

在此基础上，提出了构建和谐社会的对策。对社区资源进行整合共享，将社区文化、科学普及、体育娱乐等各种资源整合起来，在社区内举办各种类型的教育活动。这对弘扬社会主义核心价值观，推进社会治理体系建设，中华优秀传统文化的传承，科学文明的生活消费方式的形成，为人的全面发展提供了有益的借鉴。学校结合社区资源开展德育活动，增设与劳动生活、社会实践密切相关的地方课程和校本课程。

组织与协调各种社会教育力量，统筹校内外各种教育资源，发挥全方位育人功效，使学校德育向家庭辐射，向社会延伸，共同促进学生发展。学校要吸收社区中潜移默化的教育元素，社区则要吸收学校教育中自觉理性的精神，道德渗透于社会生活的一切领域，每个人在生活中都会碰到人与人、人与社会、人与自然的种种关系，所有的关系都会表现出德育的问题。如果学生在学习、生活中，遇到这些道德问题时老师能及时去教育引导，就会收到良好的教育效果。

第五节 高校德育架构的创新

一、落实高校德育制度

2019 年 8 月，中共中央办公厅、国务院办公厅印发的《关于深化新时代学校思想政治理论课改革创新的若干意见》①（下称《意见》）以及《关于印发〈新时代高校思想政治理论课教学工作基本要求〉的通知》（下称《通知》），对高校学生的思想政治工作提出了明确的要求，尤其是《通知》对高校思想政治教育的指导思想、课程安排、课时学分、听课、考核评价等做出了具体安排部署，高校德育应当严格执行上述文件要求。

（一）加快壮大学校思政课教师队伍

《新时代高等学校思想政治理论课教师队伍建设规定》要求，高校在确定专职思政课教师职位时，教师岗位和学生的比例不低于 1：350，并且在规定的范围内，不能挪用，要尽早配置到位。

（二）切实提高思政课教师综合素质

围绕培养大批优秀的马克思主义理论教育工作者，制定了师资队伍培养和培养方案，使每位思政课教师的理论水平和知识水平得到了全方位的提高。

（三）切实改革思政课教师评价机制

在政治、师德、业务三个方面要严格把关，制定符合思政课教师教学和科研特点的考核指标，使教学评估和教学研究工作的比重得到进一步的提升。

（四）加大思政课教师激励力度

加强高校思想政治理论课师资队伍建设。加大对那些立场坚定、学识渊

---

① 中共中央办公厅 国务院办公厅. 关于深化新时代学校思想政治理论课改革创新的若干意见 [N]. 人民日报，2019 – 08 – 15（1）.

博、联系实际、成绩突出的思政课教师的宣传力度，鼓励其起到表率和引导的作用。

（五）大力加强思政课教师队伍后备人才培养工作

高校德育工作主要由思想政治理论课教师承担，因此，对思政课老师的要求也是对德育老师的要求。要重视对马克思主义理论的研究、教育、教学等方面的高质量人才的选拔与培养，对马克思主义理论专业的本硕博一体化人才进行统筹培养，建立和健全马克思主义理论专业、本硕博三个层次的专业体系以及课程体系。

在队伍优化过程中，要针对高校德育队伍特点，根据当前校内教职工的情况进行适度的调整，让有一定经历和实践经验的教师对学生进行思想道德教育。将年纪轻、资历可能尚未达到要求的引进人员安排到辅导员岗位，因为在年纪与能力方面，辅导员与学生之间差距较小，思想与生活更为贴近新时代大学生的思想与生活的实际，可以达到更为良好的德育效果。优化教师队伍时，要注意老中青结合，促进互相学习、互相帮助，形成良好的梯度结构。根据不同的办学条件，重视教师结构的合理化。同时要注重学历和能力结构合理，要采取积极措施，从整体上提高高校德育队伍的学历和能力水平，逐步实现德育队伍硕士以上学历的目标。积极开展德育教师的测评，以此动态选择出具有思想政治教育、心理学等相关教育学专业背景的人才。加强队伍之间的优势互补，我国高校德育队伍长期以来积累了许多宝贵的经验，学校之间可以互相交流学习，分享各校之间已经实行并经实践验证行之有效的德育经验。

二、创新高校德育理念

高校道德教育要充分贯彻党的教育政策，要正确处理好培养什么样的人、怎样培养人、为谁培养人的基本问题，这就要求高校德育工作要立足于国家富强、社会进步、民族复兴，坚持面向现代化、面向世界、面向未来的"三个面向"。随着全球化、信息化、网络化、数字化时代的到来，为紧跟时代步伐，高校必须创新德育理念。首先，不能忽视创新意识的栽培。当前我国的国家精神就包含有改革创新，创新已成为当下人才必须具备的条件之一，只有充分培养大学生的创新意识，才能使其在进入社会后为国家作贡献。其次，注意生态理念的培养，坚持可持续科学发展。可持续发展理念近年来一直是党的行动指南，要把该项指南落实到大学生行为中去，必不可少的就是将生态意识和道德融入德育的教学工作中，在日常生活中促进大学生对可持续发展的理解。第三，终身学习的理念也是必不可少的。道德教育贯穿人的一生，相同的德育内容在人生的每一阶段都会对其产生不同的影响。因此高校的德育工作者应当在日常工作中，帮助大学生了解终身学习的深刻内涵和重要意义，帮助树立终身学习的目标和信念，促进其德育观念得到良好的发展。

三、制定现代德育内容

在制订、选取具体德育内容时，要将政治认同、家国情怀、道德修养、法治意识、文化素养等内容，与爱党、爱国、爱社会主义、爱人民、爱集体有机结合起来；要与时俱进深入研究中国特色社会主义、中国梦、社会主义核心价值观教育、法治教育、劳动教育、心理健康教育和中华优秀传统文化教育等方面的内容，体现德育内容的时代性。

要创新现代德育内容的教学方法和手段，一是教师在讲述德育内容时，要对这些内容进行深入挖掘，将以教师为主、学生为辅的模式转换为教师和学生的双向互动模式。二是可以借鉴优秀教学经验，将时事热点带进课堂与学生进行讨论，在学生充分表达自己的想法以后对学生进行引导，使其树立正确的世界观、人生观、价值观。三是适应新时代的变化，充分运用集音频、视频和文字于一体的多媒体的现代教学手段，提升大学生的学习的兴趣，增加课堂教学的趣味性，使得学生在"快乐教育"中接受新理论新知识。四是打破常规，实行德育教师上课分段教学、分点进行，使得课堂活动拥有创新的特点。教育方式方法的不断创新改善，有力促进教学氛围的改善，使大学生更容易接受课堂中获取的知识，并具有积极性，去实践它们，从而达到良好的教学效果。

解决现实问题应是高校德育工作的重中之重，因此现代德育内容应当高度重视发现问题、分析问题和解决问题。大学生正处于一个特殊的成长阶段，因为每个学生的性格特点、家庭环境和成长环境都不一样，容易遇到各种各样的思想问题。因此，现代高校德育工作内容应坚持问题导向，高度关注大学生的思想状况、心理特征，针对不同大学生面临的不同困难，利用自身的专业性积极正面引导，让大学生知道应该坚持什么样的理念、做出什么样的行为，从而攻克面临的问题。自我反思自我约束也是现代德育的重要内容，正面教育往往是过于理性、没有情感的教育，大学生在被动接受的过程中很难进行自我反思，因此要通过事例引导等方式，促进养成"眼睛向内"的自我反思的良好习惯，通过反思反省自身存在缺点甚至性格缺陷，把消极的思想转变成积极的"自我约束、自我管理"等行为，进而实现德育"生根发芽"的动态良性循环。

四、合理使用德育方法

高校德育要善于使用多种方法、手段、载体，通过多种方式不断增强德育的思想性、理论性，使德育具有亲和力、针对性。《通知》要求，高校思想政治课教师要结合自己的教学实际，结合学生的思想认识特征，主动探讨有效的教学方式，自觉加强对党的理论革新成就的理论诠释，力求使思想政治理论课教学"配方"先进、"工艺"精致、"包装"时髦。高校应贯彻实施素质教育的宗旨。在我国，素质教育是我国高校培养高级专门人才的一个重要思想，而德育工作在素质教育中占有举足轻重的地位，因此，要推动大学生的多样化发展，就必须加强对大学生道德教育的研究。一方面，不能孤立地开展德育工作，要将其与基础教育相融合，使大学生学习更多的科学文化知识。另一方面，高校要把思想教育与美育结合起来进行道德教育，使大学生能够养成正确的三观，不仅顾及个人需要及发展，还能在大是大非面前考虑到社会利益，成为知行合一、品德高尚的公民。

大学生处在一个心理不够成熟的时期，在这一人生的重要阶段，如果不能对其进行正确的引导，极有可能造成其价值观、人生观、世界观出现偏差。由于大学生在这一时期渴望独立生活、渴望独立成长、渴望被认同肯定，如果对其采取高压政策，强迫其学习将毫无作用，反而可能会引起对德育的厌恶。所以，应当采取逐步引导的方式，促进他们愿意自觉学习、努力奋进才是最为关键的。良好的德育方法对大学生来说极为关键，对老师来说亦是如此，因此只有更好地使用德育方法，才能达到相互共赢、取得实效。

五、充分尊重学生需要

高校德育必须以大学生为中心，尊重学生的个性，服务学生的需求，让学生把提高道德修养当作自己的内在需要，从而使不断追求高尚的道德品质成为大学生的内心信念。德育课程的教授应当与学生的生活相结合，既有利于学生理解知识，也便于教师德育工作的展开。将德育理念贴近高校大学生日常学习生活，让德育无处不在，使学生能够在潜移默化中得到良好的学习效果。高校德育内容要丰富多彩，大学生多追求新鲜事物，不喜欢千篇一律的生活，在学习中也是如此，因此高校德育队伍应当发掘大学生身边的新鲜事并将其融入课堂中去，提高课堂的新颖性和学生接受度，以达到德育工作的目标。

深层次看待德育工作就会发现，德育不仅仅是一门课程，更是对当代大学生的政治教育和思想道德教育的统一体。高校德育不再是高中时期着重阐述个人品德的课程，而是深入地对大学生的三观及思想进行探讨，并有理有据地为其教授受益终身的爱国主义、集体主义、自尊自律等内容。

德育自身具有的归属性，要求大学生在行动理念、行动内容和方式上都要符合新时代背景下学生们的行为准则，从而提升学生个体的归属感。大学生一般在步入高校以后才真正从家庭环境中脱离出来，这是他们的青春和美好生活的开始。高校作为大学生步入社会的最后一站，也是大学生生活的重要场所，在提升大学生归属感方面有着天然优势，因此高校必须在影响、教育大学生方面深入渗透德育理念，增强德育实效性。

德育环境变动引发了大学生归属感的改变。我国大学生基本处于 18 至 22 岁的年龄，这一时期的大学生多处于迷茫状态，容易受到周围环境的影响。加之当前社会环境的迅速变化使得大学生的潮流价值取向不同于以往，情感需要和精神需要更加强烈。这种需求感随着我国对外开放程度的提升迅速扩大，主要表现在国内外学术交流的频繁以及留学生的增多，这些对外交流使大学生接触到了更多新奇的思想和文化潮流，也使得他们在道德价值和个人道德发展方面存在更多的疑惑。由于长期以来道德教育在应试教育中受到疏忽，部分学生的兴趣追求中的功利主义倾向变得明显。德育教育观念与国际社会环境的变化有很大的差异，不适合大学生自身的德育要求。因此，当大学生发现当前的社会生活与他们现有的道德观念背道而驰时，使得用来规范其行为的道德观念失去了价值。同时，新的道德观念在变革过程中也需要时间的验证。面对此种情况，高校的德育工作形势更加严峻，亟待寻找出既符合时代发展要求，又能被学生所接受的道德观和价值观。

当代大学生求新求异，网络时代的来临更是让他们的这一心理需要得到更快的满足。互联网的发展给高校思想政治工作带来了新的机遇和挑战。但与此同时，网上教学中也出现了一些错误的看法，有人认为，与现实社会相比，网络传播模式的不负责任，易导致学生在网络的影响下践行了错误的行为准则。对于这类错误的看法应当辩证看待，充分认清网络传播的弊与利，而高校则应及时了解网络发展变化的新特点，帮助学生建立正确认识，使他们在面对大量网络信息时具有正确的判断能力。

六、不断优化德育环境

历史经验表明，要营造一个好的道德教育环境，就必须要让社会、家庭、学校三方紧密合作，相互配合，共同努力，才能使环境育人真正发挥作用。对于高校来说，大学生的德育实践活动丰富多彩，这种实践活动不断影响着校园环境以及校园之外的环境，而环境系统又会反作用于大学生德育教育效果，产生了综合性的相辅相成、相互作用效应。大学生德育的开展离不开环境的影响，高校德育只有适应社会大环境的变化，才能创造有利于大学生成长的良好道德教育环境，不断增强德育的针对性和实效性。高校在适应社会大环境中，道德教育也应时刻关注社会、家庭环境对学生产生的作用，并及时调整德育教育的内容和方式。对于社会来说，要积极创造良好的教育环境、营造良好的道德环境，形成道德践行的氛围。要树立扬善惩恶、明辨是非的社会道德规范，形成受教育者在学校受教育、在家受管理、在社会上受帮助的良好环境，最终提高德育的实效性。德育工作者也应该明确当前社会环境状况，尽力优化学校的德育环境，使大学生在潜移默化中受到良好环境的感染和熏陶。

高校德育过程中校园环境的优化是重点。德育是一个促进大学生思想、情感、意志、品格和素质不断发展和形成的过程，需要在各种因素综合作用下，道德才能内化并固化形成。而校园环境文化则是德育教育的基础和保障，应当将办校理念、校规规定、校风校纪、校园精神文明、管理方式、学习氛围等高校独有的特点，通过校园文化进行传播和展示，促进大学生在日常生活、学习中，在校园文化的作用下，潜移默化中影响认知理解和身心发展。因此，校园环境文化建设需要加大力度。

高校道德教育环境是对道德教育活动产生、发展的各种客观要素及其所包含的客体的总和，也就是说，在具体的校园环境中，只有符合德育目标要求的校园环境、管理制度、校风校纪和教学设备共同作用下，才能达到德育教育的目标和效果。然而，当前高校德育工作的针对性不强、实效性不高、效率效能低下等问题仍然普遍存在，而环境因素则是主要因素，因为德育环境包含了高校内外的环境，是高校难以凭主观意志进行彻底改善的。一方面，社会实践把学校和社会紧密地联系在一起，大学生在校园、家庭和社会等环境下频繁切换，加之自我意识也越来越强，对于德育的效果产生了不可预料的后果。二是高校受制于德育教育方式、方法、理念等发展水平参差不齐，德育环境的硬件和软件没有共同发力，产生了短板弱项。因此，要高度重视对德育环境的优化，努力使各环境因素朝着统一的方向发展。高校要能够认识到良好的德育环境对学校办学的重要性，并能合理发展德育环境，将学校的良好办学精神与理念充分发扬，学校德育才能够得到最大化的发展。同时，可加大宣传力度，使大学生对德育学习拥有良好的理解，以此共同营造出良好的校园环境。同时还应加强学校硬件设施，美化校园环境，逐步改善学生、教师的教学生活环境，为师生学习创造一个良好的环境氛围。

在德育环境优化过程中，高校积极影响、引导家庭环境的优化是基础。当前大学生以独生子女为主，而独生子女家庭存在的问题有时会影响到大学生的正常生活状态。在独生子女家庭中，家长往往将自己所有的期望加诸子女身上，而且往往容易溺爱子女，这也就导致大学生极易产生以自我为中心的想法，缺乏分享的理念，遇到挫折时极易产生受挫感。大学生德育环境在不断发生着变化，面对这一变化，我们应及时关注大学生的发展变化。面对思想道德教育的新特点，必须在正确的政治方向指导下，正确把握大学生道德教育面临的新情况、新问题，真正满足大学生的实际需要，树立科学、正确的德育观念。以人的发展为中心，树立以人为本的德育理念。道德教育目标应强调服务于政治、经济、文化的发展，注重人的主体性的发展。在道德教育建设过程中，要使个人发展与要求顺应时代的变化，注重德育发展对学生心理和发展需要的满足。

总之，从道德的形成机制来看，大学生良好道德品质的形成、发展既不只是出于他们内在所具有的善良本意，也不仅仅是受外在的道德教育、环境影响，而是在道德认知基础上的道德实践与环境相互作用引起的心理变化过程。因此，需要家庭、学校、社会的合力影响，共同造就大学生的人格、心理和道德品质。

第三章　新时代高校德育的评价管理

第一节　构建新时代德育的评价体系

一、高等院校传统德育评价的误区

（一）重知识轻德行

从心理学上说，道德教育是一项关系到灵魂和人生的事业，因此，道德教育必须接近人类的心灵，探寻生活的真谛，而不应仅仅是把道德教育作为一种观念、一种认识。道德教育不能只靠组织严谨的教学，而应重视道德教育而非知识教育。然而，目前我国高校道德教育的现状与这一理念相去甚远。在评估道德教育的成效时，部分高校常常用纸张上的文章取代真正的教育效果；在开展道德教育学科建设的时候，没有看到大学生在成长过程中所显现的道德知识，这一行为偏离了道德教育的任务与初衷。

（二）重科研轻育人

当前，部分高校德育工作中仍存在着一些误区，在确定德育课程的设置和内容时重视不够，对实际教学效果的研究甚少；尽管对道德教育的工作方式、工作思想持肯定态度，但很少关注大学生对道德教育中价值观的认同；对德育工作的评价成果非常重视，并以此作为衡量一所学校、一个部门、一个教师的重要指标，但在评价方法的科学性、评价指标体系的系统性、评价过程的客观性等方面，忽视了学生的创造性、教师的责任感和国家珍贵的教育资源。

（三）重理论轻实践

道德教育的载体是与"精神世界"相联系的意识载体、文化载体、历史载体和人格伦理载体。因而，在道德教育中，有偏重"标准之一"而非"唯一标准"的倾向，这也是它与其他学科的不同之处。另外，道德教育尤其重视同伴之间的主观评价，例如这方面的专家的评估意见，通常都有很强的说服力，但实际效果与之甚远。高校的道德教育不只是一项理论工作，它的实用性也不可忽视，其原因在于，道德教育的研究与教育目标并非自然或社会，而是直接指向人的思维与行动，这与自然科学、社会科学截然不同。道德教育之间的主观性评估，例如这方面的专家的评估，通常是强有力的，但评估结果是否与实际相符还需综合判定。因此，就目前我国高校道德教育评估而言，上述两个层面均存在着一定程度的缺陷。

二、新时代德育对评价体系的基本要求

在传统的道德教育评价中，有许多认识上的偏差，从而在某种程度上影响到了评价的客观性和准确性，使得评价工作流于表面，不利于高校道德教育的科学化和大学生的身心健康发展。新时代道德教育应该充分反映"人"的价值取向，因此评价体系应当与时俱进。

（一）反映人的全面发展

在高校的道德教育评价中扩大评价的范畴，不仅要测量大学生在校园里的活动结果，还要测量他们的社会实践，充分反映出他们是否能够符合社会发展的规律与需求，同时也能将个人的综合素质表现出来。

（二）发掘人的潜力

高校德育评价制度的构建建议采用"目前＋将来"的评价方式，不仅要对目前所显现的德育指标进行评价，还要站在更长期的角度，把目光放在大学生身上，挖掘他们将来的发展方向，也就是说，评价工作要把重点放在挖掘人的潜能上。为此，必须在道德教育评价的内容、方法和手段上进行主动改革，在原来的评价工作的基础上，找到与人的潜能发展相关的指标，从

而使构建的道德教育评价系统适应可持续发展的时代需求。

(三) 适应人的个性

高等教育的宗旨之一便是"培养独立的人格",这在任何时期、任何高校的德育工作中都是第一位的。尤其在当今社会,人格教育已经成为包括大学生群体在内的全社会教育的主题之一,迎合其人格特性,通过为大学生群体提供必要的外部条件,促使其形成自我实现的主体意识。只有这样,评价工作才能在一定的时空背景下,对被评价对象的过去、现在进行了解,对其未来进行预测,才能做出全面、客观的评价。

三、新时代德育评价体系构建的原则

(一) 合理指导与有效评价相结合

对大学生进行道德教育评价,是为了更好地推动道德教育的发展,更好地推进高校道德教育。合理的指导和有效的评价都是不可或缺的,仅有评价而没有合理的引导,那就相当于一张纸,而仅有引导没有效果的评价也是对牛弹琴,这两种方式的有机结合,才能使高校大学生德育评价系统真正发挥出应有的作用。有效评价意味着道德教育评价系统的公信力,确保评价结果的真实有效,从而能够发现问题所在。合理的引导就是将共性和个性有机地结合起来,归纳出大多学生存在的问题,在思想理论的指引下,才能做到因材施教、立德树人,才能更好地引导并培育出具有良好道德素质的大学生。

(二) 评价结果与实践过程相挂钩

品德是在点滴的实践中养成的。在学校道德教育中,要把道德评价与大学生的学业相结合,不仅是对最终的结果进行评价,而更多的是对过程的重视。许多高校已经实施了大学生思想道德修养评价体系,它是以学年度为单位,由同学、班委、老师三方共同评定,并将评价结果记入学生的档案,以此来评价学生的品德。然而,在实际操作中,这一方法却遭遇到了一个瓶颈,那就是大学生考评系统的工作量很大,尤其是对班委和教师而言,再加上评价经常放在学期末进行,在这个时期大多数评价都是敷衍了事、千篇一律，不能真正地体现出大学生的思想品德教育效果。为此，高校应在人力、物力、财力等方面加大对评价制度的投入，提高对评价的重视程度，避免评价制度流于形式、徒有其表。

（三）评价要定性与定量相结合

仅从成绩上来判断一个大学生的思想品德是比较简单的，但准确性和可信度都很低。因此，评价要与大学生的纪律性、组织意识等相结合。政治立场是平等的，但也有很多不能量化的因素，根据客观公平的原则，要对每一个评价要素的权重进行全面的考量，保证评价指标的科学性和合理性。即使存在一些不能用数值量化的因素，也可以通过评价系统中的对应系统来实现。同时，要以事实为基础，把具体的道德行为纳入评价结果，解决由于不能量化而被排斥在评价体系之外影响评价结果的问题。

（四）全方面、多层次、多角度、多方法进行评价

当前，大学生的思想品德处于发展阶段，具有较高的可塑性，动态的变化很难对其进行全面的评价。所以，要采取全方面、多层次、多角度、多途径的方式进行评价，力求要把点和面、针对性和全面性有机结合起来，达到评价结果客观公正、真实有效。

（五）主体多元化评价

企业可以评价大学生的职业道德水平，同学可以客观地评价学生，父母则可以通过孩子个性性格和成长经历开展评价。为此，在高校道德教育评估制度改革中，应重新建构评估客体，使评估主体多元，使评估结果更具客观性和实效性。

（六）坚持民主与集中

在高校学生道德教育评估制度中，教师和学生是必不可少的两个重要因素。要改进道德教育评估制度，必须使师生双方都积极地参与进来。推动教师与学生之间的平等交往，在互动与沟通中发现问题，从而提高学生的思想品德水平。

第二节　构建新时代德育管理体制

一、传统德育管理体制的弊端

近年来，高校德育以较为完备的体制，多层次的育人队伍和多形式的育人方法，在提高大学生的思想道德水平方面取得了可喜的成绩，为高校的改革和发展提供了稳定的内部环境。但深入分析，德育体制仍然存在一些弊端。

（一）高校德育工作领导结构多元化，权责分离，指导性、权威性和实效性存在差距

目前，我国高校德育工作的领导体系呈现出多元化的发展态势。高校成立了学生工作领导小组。但是，大部分高校领导组织更多地只是一个"协调"的组织，缺乏短期和长期计划，在实践中缺少约束和权威，一定程度上影响了德育工作的成效。

同时，高校道德教育的运行机制也存在着一定的不足。目前，"三全育人"工作尚未在整个高校的德育气氛中形成合力和行之有效的机制。在对高校教师进行思想政治教育工作的过程中，由于受到多种因素的制约，其实践成效并不显著。优化教育环境的作用尚未充分发挥，这直接影响到能否达到全面培养合格大学生的目的。

（二）高校思想政治教育缺乏系统性、实效性，导致对大学生的思想道德素养的培养难以满足其课程标准的要求

在我国，从小学到大学，已经形成了一套逐渐完善、分阶段、分层次、分层次的文化知识传承体系。但是，目前我国的思想政治教育尚未形成一套完整的理论体系，即从传授到实践的过程。小学讲文明，中学讲的是集体主义、公民道德、远大理想等。但是在大学，思想政治教育缺乏系统性、实效性的现状，使得德育工作很难在大学生思想道德素质培养中达到德育大纲的要求。

（三）高校德育队伍仍不够被重视，人员素质参差不齐，数量短缺，质量不稳

对高校道德教育的理解不到位，造成了高校道德教育实践工作中存在一些偏差。部分学校和一些职能部门的领导觉得道德教育不是最重要的。德育工作没有得到应有的尊重，德育教师工作的艰辛得不到理解，工作的成果难以在职称评定上体现，时间长了，德育教师自己也会觉得前途一片灰暗。

部分学校将大学生的日常思想政治工作与学校的行政工作划等号，用大量的事务来替代学生的思想政治工作。

在高校里，大学生辅导员是学校道德建设的主体，应具备良好的政治素养、专业素质、强烈的责任心以及较强的能力水平。但是，目前高校辅导员面临着评职称和晋升等困难，以及"清贫""负担重""压力大"等问题，志愿服务工作的人寥寥无几。所以高校的辅导员队伍大多年轻老师担任，呈现出年轻化的发展趋势，然而，年轻教师多数是非师范院校毕业，政治理论知识不够，资历较浅，工作中常出现"以管理代教学"的现象。

二、新时代高校德育体制的基本原则

（一）从大学的基本任务看，把思想政治教育同学校工作结合起来，走出以思想政治教育为中心的道路

高校是社会主义精神文明的窗口，高校师生的思想道德水平和面貌既受社会影响，同时又体现着新时代方向，对全社会起着重要辐射和示范作用，要完成这一根本任务，提高大学生思想品德，仅靠政工干部是远远不够的，必须发挥行政系统的组织协调功能，把教学、科研、管理、后勤服务同思想政治工作紧密结合起来，并把德育工作纳入高校的办学体制、管理体制及其运行机制的变革之中，纳入高校党的建设和精神文明之中。

（二）明确党委和校长的职责，提高政工干部队伍素质，以避免原有德育队伍的弱化

党委是德育工作的领导核心，主要是根据形势发展的需要和党在新时代的重要任务，结合实际统一研究一定时期内德育工作的目的、任务、内容、方法，制定思想政治工作的目标体系。

校长的主要职责是贯彻和执行国家教育政策，制定学校整体办学方针，将德育工作整合到学校的各个领域，把思想品德教育和科技文化教育有机地结合在一起，做到"两手抓""两手硬"。

学工干部是高校思想政治工作的专家，是学生日常思想行为的管理者，对学生德育工作负有更直接责任。在提倡全体教职工参与德育工作的同时，必须加强学工干部队伍建设，关键是提高队伍素质既要求具备优良的品质和高尚的情操，又要深刻地把握德育工作的规律和特点，以此提高德育工作的管理能力。因此，建立和完善新的德育体制既不是党委包揽行政，也不是行政取代党委，更不是要取消原有专业学工干部队伍。

（三）确立"三全育人"目标机制，实现齐抓共管

在党委的统一领导下，建立健全以校长和行政系统为主要内容的德育管理制度，这既能改变长期存在的少数人抓德育、脱离知识抓德育的被动局面，又能促进学校员工自觉地履行道德责任。为了让全体教师能主动地参与到学校的道德建设中来，形成一股强大的力量，除了要改变思想观念之外，还应制定出具体的目标任务，采取有效的措施。党委和政治工作人员要对学校的情况进行全面的调查，把德育工作进行合理的分解和量化，与教学、科研、管理、服务等工作相结合，并定期开展检查和监督，从而实现"三全育人"、齐抓共管的工作模式。

三、德育管理体制的体系框架

（一）决策调控机制

决策调控机制是指在对德育工作进行预警分析和效果分析后，调整、修改、补充和完善德育工作的原计划和方案，从而完善德育工作的规划，做到重点突出，措施得力，方法科学，效果显著。调控机制主要包括实施目标管理、完善反馈系统、强化调控权威。

（二）整合运行机制

在建立完善决策体系的基础上，还要建立一套科学、规范、有序的运行机制，以保证高校思想政治工作的顺利开展。高校要建立以党委"一把手"为主，学生处、团委、思政部为主体，各院系、班和全体教师共同参与的全员育人，家庭、社会和学校协同育人的工作模式。以转变高校德育工作的运作机制为重点，完善制度变革与之相配套的管理制度。在招生与就业体制改革以及教育教学改革的基础上，重点研究与探讨在实行学分制与自主学习相结合的情况下学生管理体制的转变，抓住其中的重点与弱点，真正提高学生思想政治工作的针对性，提高思想政治工作的质量。

（三）协调互动机制

要从高校实际出发，科学制定道德建设的目标任务，并在学校、家庭和社会三个层面上构建起一种外在的协同机制，健全全社会关心、人人参与的内部协调机制，加强各个职能部门及系级在学生管理中的作用。充分调动各种有利因素，建立具有开放性、交互性、动态性的思想政治教育管理体系。各院系、班级都要结合实际，制定有针对性的道德教育方案，进一步细化和可操作。充分运用学校电视台、广播、班会、板报、刊物、报告会以及辩论会等各种教育方式和载体，把日常教育和主题实践结合起来，力求培养大学生的良好习惯。

（四）监测预警机制

预警机制是指通过各种途径，对大学生的思想动态、社会潮流、道德风尚、情感状况和精神面貌等进行全面的了解，及时掌握倾向性、典型性问题，实施预警并采取针对性措施解决问题。重点要及时掌握大学生对党的路线、方针、政策和国家政策、法令的态度和认识等方面存在的不正确或片面的思想认识、有害的社会思潮及其对主流价值观等方面的影响，及时进行综合分析和采取措施，并为教育主管部门和政策制定部门尽早提出对策。

（五）保障动力机制

德育保障主要包括组织保障、制度保障、队伍保障、物质保障等。高校把德育管理工作纳入学校发展的整体计划之中，在组织领导、人、财、地等方面，制定了一整套的制度和制度，在组织领导、力、资、地等方面保证了德育工作的顺利、有序，确保德育工作落到实处。

（六）考核评价机制

在评价时，应坚持政策、客观、全面、定性和定量、静态和动态相结合的原则，选用实践测试法、模糊综合评判法等科学评价手段，提升评价的科学性和准确性。应探索建立切实可行的定量与定性评价相结合的评价体系。一种办法就是尽可能地把数量定下来；一种是倾向于模糊把握，尽量扩大质的评价范围，两者都有其优缺点。定量考评重在实证，重在人"到场"，容易导致形式上的机械化强迫；而模糊评价则侧重于完成工作，侧重于综合评价，但其实证性差，主观性强。因此，对高校德育工作进行评估，既要有质的统一，又要有量化的统一。以工作成效为主要内容，以日常德育工作的开展、基本资料、原始资料为基础，将工作流程与工作成果有机地结合起来。评价指标要有重点、简明、科学性和合理性；评价方法应便于操作，切实可行，不宜过多。

（七）激励约束机制

高校应对德育教师建立健全激励约束机制，其激励手段应注重外部激励和内部激励相结合、物质和精神激励相结合、环境和情绪相结合。要将教师的思想品德表现、工作成绩表现等作为评先、评职称的重要参考，以此选拔思想品德好、业务水平高、奉献精神好的优秀教师担任辅导员，改善其福利待遇。

（八）自我教育机制

高校应当建立自我教育机制。自我教育是一种自我提高的行为，也就是主体自觉地将社会的道德准则或自己主动提出的道德目标转变成自己的人格，通过大力实施自我教育，才能充分调动受教育者的内在需求，让受教育者发自内心地感受到教育的必要性、可行性和实用性，增强认同感，大学生才会愿意接受高校的德育教育。

（九）整体育人机制

重视变化中的社会环境，整合高校德育资源，构建"大而全"的育人模式，是高校德育工作者义不容辞的责任。高校德育工作既要履行好自身的直接职责，又要起到辐射和带动的作用，实现以"以人为本"的德育工作目标，以此构建一个完整的德育运作体系。以育人为本，使专业教育与道德教育相融合；以管理育人，实现管理和德育相契合；以服务育人，将道德教育融入日常生活；通过人的环境，可以起到培养人的作用。

第四章　班级管理中的德育工作

第一节　班级与班级管理的认知

课堂被认为是一种教育的组织方式，课堂的作用与教育价值在历史发展中不断扩展，已不再局限于单纯的教学形式，而是作为一种最基本的学校道德教育单元。

一、班级认知

课堂是学校最基本的教学单元，是课堂教学的重要组成部分。课堂是学生共同学习、劳动和生活的地方，也是学生健康发展的场所。课堂教学是教师影响学生、管理学生的重要场所。学校的各种工作方案、各种活动的组织和执行，往往都是以班为单位进行的。所以，课堂是构成学校最基本的构成元素。班级的发展水平，班级的成效，班级的教育和教学工作的质量，都会对一所学校的教育水平产生直接的影响。学生一进入学校就被编入特定的班级，作为班级的一员接受指导。一般来说，班级具有如下特点：

（一）学习性特点

课堂上的学生以"学习者"的身份出现，他们的根本使命就是学习。学生学习是为将来进入社会生活做准备的"奠基性学习"。课堂就是这样一个特别的社团，它是由数十个学生组成的，他们承担着这项开创性的工作。在当代社会，青年大学生的奠基性学习，特别是社会文化的创造型学习，不能在一个人的单独空间中进行，而需要在集体生活的情境中进行。在课堂上，学生所学的是由社会为他们制定的显性课程，比如数学、语文等，也包括了课堂上的各种规则、角色、人际关系等。我们所说的课堂因素，是指以显性课程为主体的课程。

（二）不成熟性特点

就自主性总体而言，学习自主性是随年龄增加而逐渐提高的。学生对课堂组织的运作有着一种接近自然的自主性。

学生对老师的依赖性是不可避免的，特别是当他们不能靠自己的能力解决问题的时候。这种依赖意识并不会随着学校教育的开展而彻底消除，只是随着年龄的增长而变化。

（三）教育性特点

课堂教学是一个在各个发展阶段都有的特征。在现代的学校教育中，更多的是将班级当作学校教育的单元，对于学生的社会性发展所起到的作用，这也充分体现出了班级教育的本质特征。课堂教学的特征，既是对学生社会化的促进，也是对学生个性的培养。在社会化进程中，个体化和生活化并存，社会化并没有牺牲自己的发展和自我表现。

（四）社会性特点

人类发展的第一特点就是社会性，不管是把目标指向客体（例如劳动工具的使用），还是指向个体或者群体（例如人际关系），都离不开人类的社会生活与社会关系。每个个体的行为都包含在一个完整的社会体系之中，没有社会联系，人就不能从事任何活动。它并不是一种抽象、孤立的个体生理性本能活动或适应性行为，它是由特定的社会历史条件限制的、反映某种社会关系的、实际存在的人的活动。课堂教学是帮助学生完成个人社会化过程中最基本的社会单元。根据特定的社会需要，在班级教育、教学过程和人际交往关系中，根据班级的组织目的，通过课程、集体规范、班级文化等方式，把学生从一个自然有机体转变为社会成员。课堂教学活动不仅体现了社会对教育工作者的培养需求，也体现了社会环境对学生的渗透与影响。

二、班级管理认知

课堂教学是一种有效的教学手段，强化课堂管理，使之更好地发挥其作用，是实现学校管理目的的关键。

（一）班级管理的特点

要使班级管理目标明确，就必须掌握好课堂管理的主体要素。课堂管理是一种特殊的管理方式，它带有一定的管理性。然而，由于班级管理的管理目的、管理主体、管理方法的特殊性，班级管理又具有不同于企业、组织的一般管理。因此，班级管理的主要特点，需要从它的教育属性出发，从班级管理作为学生管理的一个分支系统的地位出发，辨清班级管理的主要特点。

1. 班级管理目标的多元性与发展性

每个学校有若干个班级，虽然在学校的整体发展目标下，有一个总体的目标和趋向，但就每个班级而言，班级的目标并不是完全一致的。这是由于学生的发展水平、发展能力存在各自特点。针对不同类型的学生，班主任要有多样化的管理目标。而随着学生的不断发展，在学校管理总体目标的指引下，班级管理目标需要不断调整以适应并促进学生的发展。

2. 班级管理的双主体性

随着人们对学生地位认识的逐步深化，人们认识到学生不能被简单视为教育过程中的客体，而应将它们视为学习活动中的主体。所以，在课堂教学中，老师与学生都是主要的管理对象。首先，教师在课堂教学中起着主导作用。班级建设是班级管理的核心，"平等"意味着，师生之间是平等的主体之间的交往关系，班主任只有在尊重学生、关爱学生的基础上才能做好班级管理工作。其次，学生也是班级管理的主体。大学生各方面的能力在逐步发展，班主任应认识到学生是"年轻的成人"，引导学生自主管理班集体。

3. 课堂教学管理

"班级管理"是课堂管理的一种方式、一种方式，其本质特征应是"教育"。班级管理不同于企业、组织管理，班级管理是针对学生进行的，目的在于促进学生的发展。因此，班主任在班级管理过程中，需要在先进的教育理念的指引下，注重管理手段和方式的教育意义，促进学生正向发展。

4. 课堂经营的影响因素是多元的

首先，课堂管理的主体对课堂教学有很大影响。这里，管理主体既指教师，也指通过教师指导而进行自主管理的学生。教师个体的知识水平、管理能力、人格特质、心理素质等多方面因素都会影响到班级管理的管理理念、管理方法。而学生的能力水平、身心特点同样也会影响到班级管理。其次，班级管理受到学校教育氛围的影响。班级在学校中占有举足轻重的地位，外在因素包括学校文化、管理理念与模式、学校内部教师的关系。最后，班级管理还受到社会各方面的影响。学校与社会的千丝万缕的联系，决定着班级管理会受到社会各方面的影响。

（二）班级管理的任务

1. 营造优良的班级氛围

班集体是班级管理发挥作用的基础，也是班级管理的目标，创建好班集体一直是班主任工作的核心。班主任要将自己的工作重心放在班集体的建设上，这也是班级管理中的一项重要工作。

2. 组织好教师集体和家长集体

班级管理工作主要由班主任来进行和完成的，但有许多工作必须通过任课教师和学生家长的配合来完成。班主任要团结和依靠任课老师以及学生的父母，建立一个有统一目标的以班主任为核心的教师父母合作组织，一起把班集体管理好。

3. 实现学校的管理目标，制订班级工作方案

班主任要根据我国的教育目的和学校管理目标的要求，从本班实际出发，通过班级民主管理，形成全班共同奋斗目标和具体措施，制订出每学期切实可行的班级工作计划，不断引导学生前进。

4. 做好课堂日常管理

课堂日常管理既是实施课堂教学计划的具体步骤，又是保证班集体正常

运转所必需的。如果忽略了课堂的日常管理，势必会导致课堂秩序的紊乱与不和谐，从而影响到班级管理的目的。

（三）班级管理的内容

在课堂管理的内容上，大致可分为四个层次：第一，从德、智、体、美、劳五个方面展开；第二，对班主任工作的认识，主要是对学生的整体认识与研究，对班级的组织纪律工作做好，对班集体的组织与培养，对课外活动的组织与领导；第三，从课堂管理的基本形态与内容上分析，包括目标管理、平行管理、常规管理、民主管理等；第四，以班级管理目标系统为视角，从人际目标、工作目标、物质目标和信息目标三个方面阐述了课堂管理的内容。新的班级管理体系，是一个以培养人为目的，关注全班同学的心理健康，让他们的人格得到协调发展的一个有序、开放的体系。课堂管理的核心是四个方面：

1. 班级组织管理

（1）班级组织的设计

班级可被视为是一种社会组织。为了实现班级组织目标，必须对班级的发展进行设计。课堂组织的构建，一是要根据社会的政治、经济和文化发展对青少年的需求，要符合教育目的，培养目标；二是当前班集体的发展层次；三是确定班级目标，组建班级管理组织。在这三个方面，最重要的就是要树立一个班集体的目标。对班级发展目标进行科学的规划，是进行课堂教学设计的一项重要工作。

班级组织的好坏，第一是看班级目标取向的亲社会属性和班级成员内化的程度。也就是说，社会的要求被班级的成员认同并且内化为自己抱负的水平。第二，公众意见的整体整合程度与公众对民意的参考程度。一个团结的机构，在原则问题上的理解和情感上都是一致的，因此，它必须有一个能够作为会员参考的公众意见。第三，人际交往中的民主平等程度与会员的归属程度有关。课堂组织中的成员在精神上是和谐的，每一个成员都有一种归属感，一种满足感，一种责任感和使命感。第四，参与活动的动机、目标、价值观的中介性和参与的动机程度。在课堂教学中，学生之间可以通过一些有益的社交活动来调节学生之间的特殊关系。第五，学校的管理和自我管理组织的完善和成员的自治、自主意识的程度，是形成教育主体和教育力量的保障。第六，使学生的人格和能力得到全面发展。

（2）对课堂教学进行指导

教师在课堂教学中起着主导作用。在实现目标方面，班主任的教学风格与方法直接关系到班级组织的实现。一般而言，班级管理模式可分为独裁型、自由型和民主型三种。不同类型的校长，其领导风格与行为风格存在差异。

①独裁型。独裁型教师希望学生对他们言听计从，动辄发火、批评。虽然从外表上看，全班同学都很团结，老师也相信他们做得对，但同学们却损失了学习的快乐。

②放任型。放纵型校长提倡无为而治，其真实动机是不愿承担责任。所以，班主任根本抓不住班上的情况，学生们千奇百怪的要求和意见，让他应接不暇，而他们又没有能力管理好自己的班级，只能放任不管，放弃自己应该承担的责任。

③民主派。这一类教师将他们与学生视为平等的关系。他们擅长听取学生提出的意见，主动面对学生。在课堂教学中，教师对学生的指导主要是对学生进行间接的指导。所以，他们既要尊敬自己的学生，又要爱护自己的学生，更要懂得做好班主任的职责。

（3）发挥好班集体的教育作用

建设和培养良好的班级组织，要想充分发挥集体的教育作用，就必须做到以下五点：一是培养集体意识，让班集体的全体成员都能自觉地按照集体的目标信念、价值标准和行为准则来约束自己，对个人与集体、个人与社会之间的关系进行正确的理解和处理，建立起"个人归属集体，献身社会"的道德与社会信念。二是培养集体意识，使他们在集体中友好合作，乐于与人相处，平等交往，互相团结，培养并发展对集体的荣誉感、自豪感、责任感等积极的情绪体验。三是培养学生的组织、管理集体的能力与技巧。四是让学生养成遵纪守法的良好习惯，敢于对错误的理论进行批评，敢于提出正确的观点，并且能够迅速地接受新生事物，具有积极开拓的集体主义自主能力。五是培养公民意识，让每一个成员都能对自己在集体中的位置有一个清晰的认识，发挥好各自的作用，为更好地适应未来的社会生活打下坚实的基础。

2. 班级制度管理

学生是教育的主体，是班级和学校的主人。他们既要参与制度的制定，又要遵守所制定的各项规章制度，同时还要监督自己和他人遵守制度的情况。只有当他们集"立法""执法""司法"等各项权力于一身的时候，他们才不会成为班级管理的旁观者，才有可能实现真正的"班级民主管理"。

（1）根据实际制定班级制度

①基本制度是班级发展的基石。全体学生都必须遵守基本规章制度，它们是教育者群体探索和智慧的结晶，也是每个班级未来发展的可靠基石。班主任对这些制度持什么态度对学生的影响是很大的。制度是关于"人"的制度，它本身具有很强的人文性。班级管理者只有从情感入手，引导学生对这些制度进行心理认同，才能使之真正变成宝贵的管理资源，从"你的要求"变成"我的自觉"。学生认同的过程，是把基本制度变为本班级制度的必然路径。一个班级不可能从"零制度"起步自立规矩，既无可能也完全没有这个必要。

②课堂体系是基层体系的运行平台。对基层制度的一般性规定，不能达到管理目标，也不能体现"班"的"一面"，不能体现出班级的特点。要把这些基本制度加以整合、整理，制定出一套行之有效的"班日公约"等制度，这是一项基本制度的具体落实。班级体系要实现或基本上实现"事事都有人管，人人有事管"的全员参与和全过程管理的状态。课堂教学体系的制定主体是学生，而教师只是起着指导作用。在制定班级管理制度时，要充分尊重学生的意志，并且不违反学校的基本规定，班级制度的

宽严尺度、对人和事的具体处理方法要采取少数服从多数的民主方式进行把握。

管理的目的是发展人。班级制度中往往只有要求，而缺乏具体、明确的评价激励制度，学生未得到应有的尊重。所以班级管理者要引导学生建立健全班级评价激励制度，只有这样，才能更好地发挥制度激励人、教育人的作用。

（2）执行班级制度

立制度易，行制度难。制度的公平和增效作用师生并不难理解，评估的方式应多样化，包括教师的评估、师生的互评以及学生的自我评估。评价时要心存善意看主流，就事论事，避免伤害受评者的自尊心和自信心。当学生有异议的时候，要允许学生申辩和质疑。评优既要评综合先进，又要评单项优秀。要尽量肯定多数人的守纪行为，满足他们当"好学生"的愿望，实行无劣评价，唯其如此，班主任工作才算是系统性的，才会真正凸显"管理育人"的目的。

3. 班级教学管理

教学是实现教育目的、促进人的全面发展的根本方式。"以教为本"不仅是学校教育的根本原则，也是学校经营的根本原则。课堂教学管理是一种以学生为主体、以学生为中心的教育教学管理。只有在教学管理中才能发挥指挥、组织和协调的作用。只有这样，课堂教学才能井然有序，才能形成正常的教育秩序，才能保证学生的素质和成长发展。

（1）建立科学的教学管理理念

教学管理是一项重要的工作。思想是行动的先导，所有的教学活动都要受到某种教育理念的引导。教师的教育理念是其世界观、人生观、价值观和教育观的综合反映，它是经过多年的教学与管理工作，逐步形成与发展起来的。目前，为适应社会主义现代化的要求，由应试教育转向素质教育，必须深化教学改革。为此，必须改革同社会主义现代化不适应的教学思想、教学内容和教学方法，班主任和教师必须树立素质教育观念，面向全体学生，强化普及教育的意识，淡化选拔意识；面向学生的主动发展，培养学生的创造性。班主任和教师必须正确认识和处理教学工作中的各种关系，如树立教书育人、教学促进发展、教学主体、各学科一体化、课内外一体化等观念。

（2）明确课堂教学管理的目的与任务

现代教育学认为，教育活动应当让学生拥有一个共同的学习目的，并且在学习中学会协作。由于教师和学生在教学中有特定的角色分工，教学目标一般都由班主任和教师指定。

（3）建立和维持课堂教学秩序

教学是师生之间的一种互动行为，它以课程内容为媒介，它是学校工作的中心，是一项重要的工作，让学生们快速向德、智、体、美、劳等方面发展，从而形成一个稳定的、常态化的教学秩序，对于提升教学质量具有十分重要的作用，也是班级日常管理的一个重要方面。班主任在抓教学正常秩序方面，应注意以教学为主，协调其他教育活动，使学习成为学生的中心任务；保持良好的课堂教学秩序，使教学活动得以优化发展；发挥学生的主动性，使课堂教学与课外活动统一起来；发挥班干部的核心作用，建立有效的监督检查机制，维护正常的课内课外教学秩序，使全班同学都得到最大发展。

（4）引导学生学习

如何做好学生的学业辅导，一直是班主任、任课教师工作中的一项重要工作。学习辅导可以激发学生的学习热情，促进他们完成学习任务，让他们学会正确的学习方式，克服学习中的困难，形成良好的学习习惯，让他们体会到学习的"成功喜悦"。许多班主任和教师在班级管理中意识不到学习指导的重要性，或以学习要求代替学习指导，或只看分数不重能力，或视智力因素不重视非智力因素。在大力倡导"学会学习"的现代社会，班主任和教师对学生学习的指导其具有深远的意义。

（5）构建课堂教学与管理指挥体系

课堂教学管理体系由三部分组成：第一部分是以班主任为中心的班级教师队伍；班主任要充分发挥教师的积极性、主动性和创造性，相互尊重，取长补短，互相协调，才能在班级工作中发挥出最大的作用。任课老师要对班主任给予支持和帮助，让他们做好自己的班级工作，并与课堂教学相结合，让同学们制定并完成自己的班级组织和学生的个人目标。同时，还能与班主任一起对课外实践进行指导。二是建立由学生代表或学习委员组成的教学交流体系。三是以学习组长为核心的实施体系。

4. 班级活动管理

班级活动，是指在班主任的指导下按照学校的总体安排和学生的发展需求，开展的一种集体活动。它可以是一种补充课堂教学的活动，也可以是一种发展智力和能力的课外活动，是学校教育活动的一部分。有计划有目的地组织课堂活动，内容科学健康，形式新颖，能极大地开阔学生眼界和活动范围，提高他们的独立工作能力和学习能力，还能使他们的兴趣爱好和特长得到发展，从而更早地发现和选拔各类专业人才。在我国，强化课堂教学是实现人才培养目标的一条重要途径。这样的课堂教学活动，目标明确，要求严格，需要班主任、老师们在课堂教学中进行有效的管理与引导，以取得理想效果。

（四）班级管理过程的环节

1. 课堂管理方案

班级管理的规划，就是要明确班级的管理目标，以及对达到目标所选择的方案、途径、措施。它是计划功能在课堂管理活动中的具体表现，也是课堂管理流程的起点。班级管理的计划是班级管理过程的首要环节，也是班级组织内部成员的行动纲领和方案，它具有统一班级组织内部成员的动机和激励作用；它还具有协调班级管理中各要素的作用，并使人力、物力、财力等有效的班级资源得以充分利用，从而发挥整体优化功能。

2. 班级管理实施

班级管理的实施，是把班级管理的计划付诸实行，落实为管理的行为，以实现班级管理的预期目标。课堂管理的执行是整个课堂管理工作的核心，其主要内容一是机构化，即把班级管理的人、财、物合理配置起来，建立有明确分工的班级组织机构；设立班级管理的各项规章制度；明确班级管理各项工作的进度和程序。二是指导，班主任对班级组织内部各成员进行引导、指示。三是协调，班主任在实施环节的全过程中，依据实际情况，不断协调各种关系，减少内耗，提高效率。

3. 检查课堂经营

课堂管理考核就是对课堂教学计划的实施状况进行监督与评价，它是班级管理过程中的中介环节。尤其值得注意的是，检查必须有明确的目的和统一的标准。

4. 课堂经营小结

课堂管理的摘要，就是对课堂教学活动中某个阶段、某个周期的工作进行总括分析和总体评价，做出结论，肯定成绩，找出缺点，并把总结出的结论、经验和教训贯穿下一阶段的工作，为下一个管理周期的工作提供建议。

班级管理的总结不仅具有提高认识的作用，使经验和教训得到升华，提高班级管理的水平，而且具有激励的作用，使人们增强信心，增强责任感，提高组织士气。

第二节　班级管理与德育工作的关系

一、德育对班级管理的意义

（一）德育是班级管理的灵魂

班级管理包括班级组织建设、班级制度管理、班级教学管理、班级活动管理等内容，这些内容归根结底都是为了学生的健康成长。学生的健康成长，最重要的方面是其道德素质的发展，离开了道德发展的学生发展均是空谈。因此，班级管理工作千头万绪，其灵魂是学生的德育，班级管理各项工作无不围绕这个核心来进行。

1. 课堂教学要坚持"以人为本"的原则

落实"以人为本"的办学理念，充分发挥学生在自身发展中的主体作用和地位，做到尊重学生、解放学生、依靠学生、为学生服务、促进学生的全面发展。在目前的课堂教学中，往往会有一种有意或无意忽略学生的现象，即教师成了课堂上的权威，而学生成了被管的对象。在以人为本的理念指导下，需要摒弃以往学生处于被动地位的情形。同时，考虑到学生发展的不成熟性，学生的各种能力还处于逐步形成过程中，情绪发展也尚不稳定，需要班主任在恰当的时机、以恰当的方式对学生成长进行有效指引。

2. 班级管理要以"道德"的方法来进行

所谓"道德"的方法，最根本的一点就是以学生为本，遵循学生的身心发展规律，为学生的成长提供服务。在班级组织建设、班级制度建设、班级教学管理、班级活动管理等多方面，班主任不能凌驾于学生之上，以专断权威的方式规训学生，而应该从学生角度出发，引导学生走上成长的通途。在应发挥学生主动性、自主管理能力之时，班主任要懂得适时放手、适当指引。

以"道德"的方法进行班级管理，需要班主任掌握一定的德育理论。因此，尊重学生、热爱学生，建立和谐的师生关系之于班级管理具有重要意义，班级管理的效力在此基础上才会产生。

3. 课堂管理应注重对学生思想品德的培养

我们国家的教育目标就是培养具有德、智、体、美、劳五个方面的人才。道德素质是人才素质的首要组成部分。然而，在社会多元化的背景下，功利主义思想的影响导致学校教育往往偏重学生智力成长。因此，班级管理需要重视培养学生良好的道德素质，使学生学会在班级、学校中如何做一个有道德的人，成为一个全面发展的人。

（二）德育是班级管理的指导

德育是班级管理的灵魂，因此，进行有效的班级管理，要求班主任掌握相应的德育理论与方法。

1. 对道德教育理论的把握，有助于提高其教育观念

要使课堂高效管理，必须由"自发管理"向"自觉管理"转变。课堂管理以教师和学生为主要对象，同为"人"。因此，班级管理除了以管理理论作支撑，更要求以德育理论作支撑。班主任应掌握相应的德育知识，如德育的目的、功能、途径、内容等理论，不同德育思想家、不同流派的德育观点等。从中西方德育理论中获得启发，有助于班主任反省自身的管理理念，借鉴理论精华进行有效班级管理。

2. 掌握德育方法能提升班主任的管理能力

班级管理有多种多样的方法。德育之于班级管理的重要地位，要求班主任了解相应的德育方法，以"道德"的方法来进行班级管理。在班级管理中，班主任如果仅仅为了管理的简便、迅捷，很容易采取不当的管理方法。比如，用老师的权威来压抑学生，约束学生的自我发展；将知识强行灌输给学生，忽略了学生对知识的理解和认同；对于一些不恰当的行为，只是粗暴地训斥、处罚等。班主任面对的是成长中的学生，学生的道德成长不能通过外在的强制和规训来达到。例如，情感陶冶法、价值澄清法、社会实践法等都为当今班级管理提供了有益的借鉴。因此，班主任需要了解学生的身心发展特点，走近学生，并从德育理论中汲取德育方法的精髓，为学生成长服务。

二、班级管理是实施德育的重要途径

道德教育的方式是指道德教育内容的实现，也就是道德教育实践中所采用的相对固定的组织方式。"学习型"道德教育的具体方式是：在各个学科的教学活动中，对学生进行积极的熏陶；通过开设专门的道德教育课程对大

学生进行道德教育；加强对学生的思想政治教育；大学校园文化是大学生思想政治教育的重要阵地。通过多种形式的实践活动，加强对学生的道德教育等。纵观以上种种方法可以看出，班级是学校组成部分和基层单位，是实施德育的重要场所，现代学校德育要以班级为依托。通过班级管理实现对学生道德发展的引导是学校德育的重要途径。

班级既要在学校的统一指导下开展工作，同时又要独立地针对本班实际自主地进行教育与管理。因此，学校德育目标的落实要充分依托班级来进行。班主任必须联系各种教育影响，结合本班实际情况有针对性地进行班级管理，通过班级管理实施德育。

在班集体建设中，如何使学生形成一个具有凝聚力的集体，如何制订班级规范、创建班级文化，这些过程就是对学生进行德育的过程，在课堂活动的设计中，怎样充分发挥学生的主体作用，怎样用与学生实际相符合的课堂活动来推动学生的发展，这些都是促使学生道德发展的关键环节。因此，班级管理的诸方面都隐藏着德育的因素，而班级管理的过程是对学生实施德育的重要途径。在学校德育工作中，要充分利用班级小阵地的功能，营造出良好的班级小环境，让学生在班级小环境和学校大环境中得到良好的熏陶。

第三节　班级管理中德育工作的实施

一、班级德育管理的目标

班级德育以"爱祖国、爱人民、爱劳动、爱科学、爱社会主义"为主要内容，对学生进行社会公德教育和相关的社会常识教育，以培养学生良好的道德品质和文明行为习惯为重点，让他们把自己放在心里，把集体放在心里，把人民放在心里，把祖国放在心里。在课堂上进行道德教育，要充分发挥校内和校外各种教育方式的功能，并相互协调，形成合力，为实现道德教育的目标，营造一个良好的教育氛围。教育的方式有：学科教育、班级教育、教育活动、共青团、家庭教育、校外教育等。

二、班级德育管理的原则

作为班级管理的引导者、组织者，班主任在班级德育实践中应该创新管理模式，坚持三个原则，实现班级的有效管理。

（一）"规划"原则，让学生坚定航向。

教育实践中，学生必须要有自己的学习目标、计划和理想，学会规划自己的人生目标和航向，才能在学习中学有所得。班主任应该从学生入学的那天起，对学生进行理想信念教育，培训和指导学生规划自己的人生，引导学生思索如何实现自己的人生理想。

（二）"认知"原则，让学生认识自我。

学生处于性格发展的成长、成熟时期，很容易陷入自我菲薄、自我陶醉、唯我所需、唯我独尊、自我欣赏等误区，往往缺少自我觉醒。常常夸大自身思维的独立性、批判性，不满现实，不服从管理，追求所谓的自由，叛逆成了他们性格最真实的写照。认知自我，就是要懂得自己的责任和价值需求，学会擦亮自己。班级发展离不开班级成员的个体发展，每一位班级成员都有责任和义务维护班级秩序，守护班级荣誉。

（三）"等待"原则，让学生感悟成功。

学生成长的过程不是一帆风顺的，常常伴随着认知事理的局限、行为的偏差和学习态度、学习成绩的起伏。班主任对待班级学生，不能有急躁和负面的思想，应该放手，更应该学会等待，也就是要学会包容学生的不足，学会容忍学生行为偏差上的反复，学会走进学生的心灵世界。"等待"过程中，给予他们热情的关注，细心的指导，科学的规划。在生活关怀、班级活动设计、个人才艺展示、互动谈心、目标激励等方面适度向他们倾斜，激励他们上进，培养其自信心，促使其健康发展。等待他们的成长，这将是一个缓慢的过程，正所谓教育是慢的艺术。

三、班级精细化管理中的德育工作实施

班级精细化管理就是按照精细化管理的思想来管理班级的事物，包括科学的管理思维、以学生为中心的教育理念、注重细节的管理过程以及制度化的管理手段，以此提升班级管理水平，促进学生的发展和进步。

课堂精细化管理包括三个方面：第一，强调"精"是课堂精细化管理的核心。"精"是指在课堂工作中，要将班级工作的中心体现出来，从中心工作开始，将重心放在中心工作上，这样才能掌握好工作的方向，达到事半功倍的效果。第二，班级的精细化管理也要有一个"细"字，所谓"细"，就是要把班级的管理范围扩大，把班内的各种事情分门别类地细化。在班级管理中，要注意学生的方方面面，不能只顾着学习而忽视了学生的思想道德建设，也不能只顾着大的方面而忽视了小的细节，要从小事做起，抓住大不放过小，对班级的各个方面进行全方位的强化。第三，班内事物的管理，归根到底是要"化"，也就是制度化。要防止在班级管理工作中存在的人治倾向，要进一步强化班级管理的制度化、标准化，以公开、透明的制度来发挥其功能，促进班级管理工作的进一步发展。

（一）德育工作中精细化管理的实施原则

1. 科学性原则

在企业的精细化管理中，"质量与效益同步，投入与产出平衡"这一科学性原则是必须坚持的，运用到德育工作中，也是相同的道理。

"质量与效益同步"指的是在德育教育中实施精细化管理，要注重德育的质量，不能像现在大部分的高校那样将德育工作流于形式，不仅不能起到德育的作用，反而会导致学生精力的分散和教学资源的浪费。此外，还要注重效益同步，在德育工作中，所谓的效益就是指德育工作所带来的学生的道德水平的提升。只有立足于学生的道德水平提升，有针对性地开展德育工作，才能够有效地推动德育工作的进步，使得德育工作在精细化管理的帮助下取得更好的成果。

要坚持科学的原则，就是要在高校思想政治工作中实行精细化管理，保证制度的科学性。另一方面，在进行精细化管理时，要科学地探讨管理方式，研究科学有效的方式，使其科学性的原则得以实现。

2. 制度化原则

在以往的学生德育工作中，人治是比较突出的一个特征。如果一个班级的管理者注重道德层面的教育，那么在班级事务中对于德育工作就会加以重视，而如果一个班级管理者不注重德育工作，则在班级事务中德育工作就会被忽视，德育工作也受到班级管理者自身教学特色的影响。班级管理者如果务实，那么在德育工作中就会注重实际的效果，而班级管理者如果注重形式，那么在德育工作中就会更加重视形式结果，这种人治的特征，使得班级的德育工作的持续性和有效难以保证。

在"精细管理"的指导下，要坚持"制度化"的思想。要建立一个公开、统一的道德教育体系，对道德教育的实施以及对道德教育的评价与监督。在此基础上，提出了一种新的管理模式，以防止不同的班级管理方式给学生的思想政治工作带来负面影响。制度一经确立，就可以针对班级德育工作的实际情况，不断完善，但一定要严格执行，不能流于形式，沦为摆设。

3. 创新性原则

将精细化管理运用于班级事务的管理中本身就是一种创新，在这种创新之下，班级的德育工作要想更好地发挥出精细化管理的作用，就必须坚持创新的原则，不断创新思路和方法，促进德育工作的效果发挥。

在思维创新上，一方面要继续挖掘德育的影响与功能，另一方面要持续深化对精细化管理的研究与学习，把精细化管理与德育工作紧密融合在一起，使之更好地发挥其积极的功能。同时，要在道德教育工作中扩大精细管理的参与人群，而不是仅限于教师一个人，把大部分学生都纳入其中，这样才能更好地拓展创造力，集思广益，促进道德教育的发展。

在方法创新方面，要不断发现新的方法和技巧，结合班级现有工作的实际情况，将精细化管理的一些行之有效的方法应用其中，从而进一步促进班级德育工作的进步和发展。

（二）德育工作中精细化管理的实施方法

1. 围绕"精"字，精益求精

要在班级德育工作中实现精细化管理，就必须要紧紧围绕"精"字，"精"字指的是要在知识方面、组织框架方面和管理方法方面精益求精。在意识方面、班级德育工作中实现精细化管理，就要求班级德育工作的管理者和参与者都要具备"精"的意识和行为。在日常工作中，不能只从宏观方面入手，而是要注意从细节入手、从小处入手，班级德育工作管理者要和被教育者走到一起，教师要主动引导，学生要积极学习和追求进步，相互配合把班级德育工作做好，发挥出精细化管理的作用。

特别是，在班级事务中，德育工作不能只在课堂上讲一讲社会价值观，进行思想政治教育，而要主动地了解学生在日常学习、生活中产生的某些想法，在此基础上，对有思想困惑的同学进行引导，防止他们走入误区。作为一个学生，在道德教育的课堂上，要主动参与和思考，在生活中，当遇到一些思想上的困惑时，要第一时间向教师求助，以免自己的思维混乱，影响到正确思想价值观的培养。

在组织架构方面，班级的德育工作应该构建一个可以让所有学生参与进来的平台，对于负责各项工作的老师和班干部，应该明确其职责，避免其公权私用或者不发挥作用，同时应该注意让所有的学生都能够参与进来。一方面，要让所有的学生都具有参与班级德育工作的意识，让学生们认识到班级德育工作是对每个人今后的发展和利益都有着直接影响的一项工作，必须予以重视，另一方面，要构建一个所有学生都能够参与的平台和机制，确保每一个学生的意见和思想都能够被重视。在德育工作的具体管理和实践上，更应该把"精"作为内在要求，这里的精，一方面要求德育课程的精；另一方面则是要求德育方式的精。在德育课程方面，应该通过科学的设置，增加一些探索的项目，让学生参与其中，自主地探索和思考，进而潜移默化地形成正确的价值观念，而不是单纯由老师灌输性地进行德育。在德育方式方面，德育不应该局限于课堂中，而是应该鼓励学生走出教室，对社会各种现象进行讨论，从实践经历中培养出正确的价值观念，力求将学生的德育工作和学生的实践工作结合起来，促进学生的进一步发展。

2. 坚持"细"字，细节入手

精细化的一个重要特点，就是从细节入手、从小事入手，只有对小事和细节予以高度的重视，才能够有效地发挥出精细化管理的作用，因此在班级德育工作中，坚持"细"字是非常有必要的。

在班级的环境建设中，要注重细节，学生的道德教育不是一门短时间内就能见效的课程，也不是一次临时的演讲，它是一种潜移默化的过程。在此过程中，既要重视课堂教学和语言教学，更要注意潜移默化的文化熏陶，在构建班级环境时，可以从细节开始，利用一些正面的名人名言和一些激励的事例，使学生一走进班级，就能营造一种积极向上的文化氛围，从而潜移默化地影响学生的思维方式。

在班级的德育管理制度方面要体现出对细节的重视。班级的管理制度应该是结合学校的相关要求，由班级自行制定的。在班级管理制度制定之初，就应该注重细节，周到细致，要全面听取班级学生的宝贵意见，这样整个班级的规章制度才能够获得大家的认可，也才能够被大家主动地遵守。此外，在管理制度的内容方面，要充分考虑到学生德育工作的方方面面，尤其是对于涉及学生利益的考评方面，例如大部分高校进行的素质测评，除了要注意同学们的学业、参加学校的活动，也要注意他们在日常生活中的一言一行，对于道德素养高、乐于帮助他人的典型例子，应该确保在素质测评中能够通过客观的方式方法获得大家的认可，而不是被少部分的班干部垄断，成为学生之间利益争夺的一个渠道。在德育工作的课程方面，也要体现出对细节的重视。每周上几次德育课，每次德育课多久，每节德育课讲什么，这些都是需要经过反复的讨论和研究的，而不是像现在的大部分高校一样拍脑门就做了决定，这样不仅会造成学生学习实践和学校教学资源的浪费，而且对于学生的道德培育也鲜有助益。在当前的高校中，德育课程主要是通过班级班会来实现的，讲课的老师大都是班主任，这就使得德育课程单一、枯燥等问题十分突出，难以发挥出应有的作用。在今后的德育发展中，学校应该实现专门的德育教师的培养和专门课时的安排，帮助学生更好地培养正确的道德修养。

3. 回归"化"字，工作内化

班级德育工作最终的落脚点是"化"字，班级的德育工作最终必须回归到"化"字上，说的是班级德育工作的内化，只有当班级德育工作内化为每个人的一种自发自觉的行为，才能够实现学生在道德培育方面的自我教育和自我发展，也只有这样才能够真正地发挥出精化管理的优势。

制度的构建促使班级德育工作的各项制度内化。班级德育工作中的各项制度的作用应该都是对学生的一些不当行为进行禁止以及对于好的行为的鼓励。在这些制度制定出来之后，应该积极地引导学生去理解这些制度，并且在日常的行为中去践行这些制度，对于认真践行了这些制度的学生，要及时地予以公开表扬和激励，使之成为一种大家主动争取去做的事情，在这样的整体影响下，班级德育工作的各项制度就会逐渐内化为学生自我的行为。当这种制度内化以后，学生在今后的生活和学习中会自觉主动地遵守这些规定，即使离开了班级这个环境也会成为制度的践行者，这样有助于学生在行为上明确什么该做什么不该做，养成良好的长期习惯。

这种"向善向上"的精神，是由"环境"与"文化"共同作用形成的，并逐步内化的。营造一个积极的文化环境，通过文化的潜移默化，将这些积极的文化融入学生自身的行为规范之中，使其正确地建立起自己的道德理念。

第四节　班主任制度与班主任专业化成长

一、班主任制度存在的问题

学校对于班主任工作重要性的认识，以及班主任作为德育工作者的角色定位，并不是从班主任教师的主体身份和地位出发的，而是从学校整体工作出发的，特别是在对学校道德教育工作层次进行设计和考虑时，也就是说，教师是学校最基层的道德教育人员，他的工作内容必须与学校的道德教育工作协调一致。班主任工作作为学校这部机器上的一个零件，并不强调其主体地位的独立性、完整性。具体表现为：在班主任处理与学生、家长等外部关系时，尤其是在面对师生冲突时，往往强调其服务、服从于学校工作的大局、全局，以至于班主任在自身权利受到侵害时，更多地处于无助的状态。对教师崇高师德与无私奉献精神的强调，胜过对教师社会地位、自身权利与利益的尊重。在教师的权利中，很少涉及教师的人身安全、教育权利受到威胁时的防范和保护措施等，这就是"班主任批评权问题"讨论引起社会普遍关注的原因所在。

班主任身兼学科教师与德育工作者的双重身份，作为德育工作者地位的重要性与专业身份的缺失成为一个悖论。班主任作为一个专业身份，对其专业性尚缺少必要的专业认可和评价制度，如在目前的教师职称评定中，只有对学科职称的评定，并无相应的班主任职称系列，班主任作为德育工作者的专业身份是缺失的，班主任工作并没有在专业层面得到认可，班主任尚处于专业归属感缺失的尴尬境地，导致许多教师不愿意做班主任，或者说迫于个人评职称的需要、学校工作的需要不得已而为之，这导致班主任工作水平不高，很多人处于疲于应付的工作状态。

班主任的角色内容涵盖了学科教师应尽的育人责任。换句话说，教师作为育人者的角色几乎由班主任教师独立承担起来，这一不断被放大了的教师角色身份，在强化班主任教师责任意识的同时，更通过一系列监督和评价机制加以落实，比如，《教育部关于进一步加强和改进师德建设的意见》就是为了解决最近几年出现的师生关系问题而颁布的。2012 年，国务院办公厅印发了《国务院关于加强教师队伍建设的意见》，明确提出要完善教师的评估体系，探索建立以学校、学生、教师、社会为主体的评估方式。对教师实行师德表现一票否决制，师德成为悬挂在教师头上的一把尚方宝剑，而对教师师德的考核与评价则主要落实在班主任教师这一德育队伍身上，对于学科教师而言，虽有职业道德加以规范与约束，但具体到学校工作层面，学科教师的育人工作往往无法具体落实和体现。

班主任要明白自己工作的创新性和复杂性，要将工作的重点放在了解学生、研究学生上，针对学生的心理特征，采取有效的、灵活多变的、有创意的德育方式，以最少的时间和精力取得最好的教育教学成果。但是，从调查中可以看出，班主任在对学生进行思想品德教育、心理健康教育以及班级日常管理等方面的投入比学科教育要多得多。在日常教育教学工作中，班主任工作被简化为简单的重复劳动，耗费了大量的时间与精力，以至于无暇开展科研。有的教师甚至连业余阅读的时间都没有，这无论是对班主任的个人提升还是对班主任的专业化发展都非常不利。班主任必须认识到研究是一种意识、一种态度，不是简单地总结工作经验。科学研究能力的培养，体现了班主任的主体意识和社会责任感。

二、班主任专业化成长建议

1. 班主任应树立终身学习的观念

作为一名教师，要树立"终身学习"的理念，这就要求教师要有相关的意识。要想满足时代的要求，也要为孩子们的将来"充电"，做一个终生的学习者。教师必须不断更新自己的知识，才能跟上时代的步伐，用发展的观点去审视、引导整个教学活动。班主任工作是一种专业性很强，需要高度创造性的工作。教师要想胜任班主任工作，不仅需要职前的专业教育和师范培训，更需要在其职业生涯中不断进行锤炼。

2. 班主任应提高科研能力，在教育科研中不断成长

班主任老师与家庭背景、成长经历、人格特征各异的学生打交道，因此，工作方法并无现成的公式和统一的方法，只有通过不断反思、总结、实践等手段，切实查找自身实际工作中的问题，并经过认真分析，随时调整，及时改进，才能使自己的教育活动得到提高。

3. 完善班主任专业发展机制

通过组建"班主任工作研究专家小组",深入基层学校,针对当前教师普遍存在的一些问题进行调研,引导他们在新课程中不断成长。作为学校老师的"自己人",以学校为中心而思考的问题是学校迫切需要解决的问题,他们所主持的课题是根据学校的实际情况而定的,具有一定的针对性;他们可以把最新的理论成果带到学校,向广大教师普及,也可以掌握教育实践中的具体问题。

4. 建立合理的班主任工作评价体系

一直以来,班主任的工作被人们认为是一项需要奉献、牺牲的工作,舆论也给予了大量的引导,塑造出一个又一个无私奉献的班主任形象。但是班主任也是普通人,他们的付出需要有相应的回报,一味要求他们付出而不强调收益是不现实的,毕竟班主任工作是一项高投入的工作,因而精神上的激励还须辅之以物质上的奖励;与此同时,在学校的考核体系中,要处处体现出班主任工作的长处,建立公正公平、科学合理的班主任选拔和评价体系,有利于班主任的可持续发展,也能让学校的整体工作在良性循环中不断走向更高水平。

第五节　课堂教学中的德育工作

一、用好传统文化,凝练思想政治课教学新内容

根据几门思政课课程的不同定位和功能,分别在原有课程内容的基础上,适当增加和增补中华优秀传统文化的新教材,使其内涵更加丰富,延伸了课程教育视野,强化了课程的"中国化"和"传统化",使学生对课程的认识和理解更具有历史传统感、更具有民族亲切感。例如,在讲授《思想道德修养与法律基础》时,对"圣贤文化""民族精神"这几个方面进行增补,着重从中华优秀文化倡导的明志、立德、修身、学艺、践行、建功、报

效国家的主题思想入手，通过对中国特色社会主义的深入研究，使其具有强烈的责任感和使命感，使他们能够自觉地投身到建设中国特色社会主义的伟大事业中来。

在"中国近现代史纲要"这门课程中，加入了"中国传统文化的应对"这一主题，特别是中国的传统文化为何会受到西方文化的强烈冲击，屡屡受挫而仍然顽强抗争的优秀品质，通过与马克思主义的有机融合，经过社会主义改革的实践，走出中国传统文化现代化、世界化发展的新天地、新时代，帮助学生建立对中国传统文化的热爱和自信，也使学生理解弄清了"为什么我们会选择马克思主义"的历史文化原因。

而在"马克思主义基本原理概论"课中，我们可以针对辩证法原理及"矛盾规律学说"，把"易经"中的阴阳学说和《黄帝内经》中的辩证诊治的中医理论加以糅进，尽最大可能丰富学生对辩证法思想的理解。同时，又在"认识论"中补充"张载关学"和"阳明心学"内容，使得学生对认识的发生、发展过程的掌握更加细致入微，心领神会。这些新内容的加入，大大拓展了学生学习领会马克思主义基本原理的社会历史文化基础，通过对西方马克思主义理论的学习，让学生对中国传统文化所蕴含的马克思主义基本原则与理念有了更深层次的了解，从而更好地了解和把握"马克思主义拯救中国"这一科学真理。

"毛泽东思想和中国特色社会主义理论体系概论"课程主要围绕"中华优秀传统文化的现代性""中华传统文化和中国特色社会主义"这两大主题展开，深入探讨中华优秀传统文化时代价值与现实意义，以及如何走出国门，被世界人民熟悉热爱的策略与路径。使学生对当前坚守中华优秀文化传统，肩负文化复兴使命有了更加明确的责任和方向。

二、构建主体性教学模式，推进教与学角色变革

通过主体性教学模式的探索和实践，着重促成学生从"让我学"到"我要学"学习观念的根本转变，切实解决"真学""真信""真用"的自

主性问题。

（一）发挥学生主体作用，彻底转化思政课堂的形式与方法

学生主体性是指教师在教育教学活动中所体现出来的一种内部特征，如主体意识。"思政课"成效的发挥依赖于学生主体性的发展，离开学生主体性的发展，"思政课"教学的主导性就成了无源之水，无本之木。随着"思政课"教学方法改革的不断深入，立足学生根本需求、突出学生主体性的教学方法改革已呈总体发展态势。

"以生为本"这一教学宗旨，使教学方法由传统单向的理论讲授转向注重学生主体性的培养，是提高高校思想政治理论课教学质量的关键所在。具体而言，大学思政课要遵循"以生为本"的理念，在课堂上要注重使用与学生生活密切相关的教学语言，采用问题式的理论教学和实践性教学的方式，将学生的积极性充分地调动起来，使他们成为课堂的主体。在教学交往中，教师与学生对历史与实际问题的共同思考，通过比较隐蔽、灵活的方法，逐步达到思想政治理论课的教学目标。

交互性的教学设计蕴含着师生之间的内在同一性（理想定位和信仰认同）和贯通性（情感沟通和思想交流），这是一种互相认同、互相交往的大学思政课互动主体性师生关系，其实质就是师生之间以一种友好、和谐的交往为基础，实现了知识（信任和关爱）的分享。大学思政课互动主体性师生关系的根本特点是：交往主体的对等性、过程的开放性和实践性。

（二）基于学生主体性发展的思政课教学方法实践活动

近年来，高校"思政课"增强学生主体性的教学方法改革不断开展，但由于"思政课"教学内容丰富，时间跨度较大，要想真正提升"思政课"的教学质量，发挥课堂上学生的主体作用，在整个教学过程中单一能用某一种或两种教学方法很难实现其教学目的，必须灵活选择综合运用正确的教学方法才能更好地发挥学生的主体作用，提高"思政课"教学效果。在实际的教学过程中，项目导向法、情景式教学法、体验式教学法、对比式教学法、慕课式教学法、翻转式教学法等都取得了良好的效果。

1. 项目驱动式教学法

近年来在"思政课"教学中广泛采用的 SAS 教学法，就是项目驱动式教学法中的一个有效尝试。教师根据教学内容紧密结合社会热点拟定题目供学生选择，6 至 8 位同学组成项目小组，选择题目，小组成员完成资料收集、查阅、汇总、整理及调研和课堂汇报。与传统教学方式相比，SAS 对学生和教师进行了重新定位，教师主导——目标导向和方法指导，学生主体——具体实施，在学生的具体实践中，能够更好地提高学生的团队合作能力、沟通与交流能力、资料收集与整理、独立思考与解决问题的能力，从而达到由"要我学"向"我要学"再到"我会学"的一个重要的突破。

2. 情境式教学法

情境式教学法是一种利用各种教学方式、方法，创设情境，激发学生学习兴趣的开放性教学方式。在创设情境方面，常见的方法有：社会热点引入法、设疑引入、音乐引入、图片引入等。例如在《思想道德修养与法律基础》这门课程的教学中，要注意"爱国情怀"这一章节。在课程导入环节中我们可以用"万人观看升旗仪式"以及"少年中国说"朗诵视频引入。当伴随着国歌和五星红旗冉冉升起的时候，当"少年强则国强"声音响起的时候，所有学生会切身感受到国家的荣耀与自己肩上的重任。学生通过情境的真实感召，有了不是旁观而是亲历的体验，认同起来没有抵触，更容易接受。

3. 体验式教学法

体验式教学法主要以课堂教学、生活体验、参观考察、社会实践等形式为主要形式，以学生个体参与为特点，以学生的亲身体验、直接感悟为主要教学活动。在教学实践中可以运用"红色"元素现场体验教学和社会实践。

4. 对比式教学法

对比教学法讲究对比样本的可比性和连贯性，即对比的必须是同一类事物和事实。同时，对比教学法还要注重对比问题的反差性和强烈性，如此对比的效果才会明显。比如，在讲授"社会主义改革开放理论"章节时，可以运用对比法，先对比从古至今"开放"理念在中国以及世界上的变化，再让同学们来讲述自己家乡、家庭改革开放以来的变化，这样既贴近实际，又易于让学生参与、认同，达到较好的教学效果。

5. 慕课式教学法

"慕课"（英文缩写为"MOOC"），其中文全称是"大型网上公开课程"。慕课作为一种新兴的教育方式，是一种基于互联网的学习方式。慕课之所以能够取得如此大的成就，很大程度上要归功于它所具备的"微课程""小测验"，以及"实时解答"三大科技手段。在我们当前的传统型大学教学中，尚难以全面开展慕课，而且"思政课"作为做"人的思想"的工作，也很难完全用慕课等形式来代替传统教学，但我们可以合理借鉴一些技术优势来提高教学效果。在教学时可采用在"微课程"中加入"小测验"的方式，首先录制好微课，在微课中设置一些问题，当碰到问题时暂停视频，让学生讨论回答，教师现场答疑，当理解了这个问题，视频再往下播。这种新颖的教学方式，大大提高了学生的学习热情，提高了他们的学习兴趣，使他们的注意力最大化地集中在了课堂上。

6. 翻转教室式教学法

"翻转教室"一词源自英语"Flipped Class Model"。翻转课对传统教学过程进行了完全的颠覆，将知识传授由课堂上通过教师讲授来完成调整为课后学生通过信息技术的辅助来完成，将知识内化由课后学生通过完成作业、实践来实现调整为课堂上经教师的帮助与同学的协作来完成。

翻转课堂的教学方式，打破了传统的知识传播途径，提高了学生的自主学习能力，从而使教学的有效性得到了改善。但是，基于思政课鲜明的政治性、思想性的课程实际，以及社会思潮的多样化等原因，思政课不能实现完整意义上的翻转课堂，但这并不妨碍我们对翻转课堂教学模式中的某些有益特性进行有效借鉴。在思政课教学过程中，利用世界大学城空间平台推出"每课一聊"栏目，在课前教师提前布置好教学内容，鼓励学生课后通过教师网上开设的教学资源平台，结合课本等资料提前进行自主学习，在此基础上，学生可以通过"每课一聊"栏目就课程内容提出问题，教师在线进行答复。

7. 问题式教学改革

我们可以打破传统的满堂灌授课方式，根据学生的现实需要和课程涵盖的内容，将每门思政课设置为 10 个左右的专题讲座，课堂内容具体深入生动，大大提高了思政课的针对性、实效性、说服力和感染力。如果同一个专题由不同老师讲授，学生还可以自选授课教师，在课程结束时对老师进行打分，这也为下一届学生自主选课提供了依据。老师们在不断提高授课质量的同时，学生们的课堂抬头率和满意率也大幅提升。为了保证专题教学的效果和质量，要求教师对专题的内容首先在全体教师中深入讨论，全面理解和把握课程内容，依此确定专题做好整体设计。要对教学专题的内容、形式、方法、案例、教态以及课件等进行不断的修改完善，做到专题内容源于教材又高于教材，从而确保教学目标和教学任务的落实完成。

8. 参与式多元化实践改革

教学实习分为校内实习和校外实习两部分，使学生从教室走向现实社会，参加各种各样的社会活动。学生们分组参与到一个个项目化实践活动中，自己设计活动方案、拟定采访提纲、组织活动过程、撰写心得体会和活动总结。实践证明，在教学中灵活选择综合运用多种教学方法，取得了良好的教学效果，思政课成为学生最喜欢的课程之一。由此可见，只要我们回归教学本原，不断"以学生为出发点和依归"改革思政课教学方法，就一定能够提高思政课教学的实效性和吸引力。

（三）实行全面综合考核导向

思政课摒弃了一次闭卷考试"定终身"的考核模式，实行多元化考试，即期末机考、平时成绩（到课、听课、发言等方面）、社会实践等单元相结合的综合评价。改变了以前为应付考试，同学们总是考前突击，拼命死记硬背，而考完却全忘的弊端，有效促进学生变被动接受为主动学习，上课和实践的积极性明显提高。这种动态化、立体式的学习状况记录考核，比较客观和全面地反映出一个学生的真实学习状况，也体现了思政课教育重在实效、重在转变的独特要求。

（四）提升思政课教师的修养

"上思政课不容易"，这是许多高校教师普遍认同的观点。其实不仅是思政课、我们很多思想政治理论工作者都有这样的亲身经历和深切感受。老师在讲台上侃侃而谈，台下的同学们则在旁边窃窃私语，看书看手机，根本不搭理他们，场面十分尴尬。面对这一问题，除了改革教学方式，加强对学生的理解，对他们的特征和需要的了解，就是要着重加强思政课教师的综合修养，不断提升思政课教师的教育素质，确保"打铁必须自身硬"。

1. 增强教师的品德修养

作为要教育学生思想政治理论觉悟和品德修养行为规范的教师，首先解决好"谁在教"这个主角的形象定位和行为认同问题。我们不能强制和苛求思政课教师个个都是圣人，但从中华文化传统而言，教师历来是"传道授业解惑"的"为人师表"者。所以，思政课教师的为人处世和行为态度必然要有高于其他人的标准和操守。我们知道"打铁必须自身硬""好花还需巧花匠"的道理，教书育人中难就难在"育人"上，所以必须在业已建立的思政课教师纪律规范的基础上，进一步施行带有一定强制性、规范性的思政课教师品德行为施行办法，也是进一步真正把思政课讲好（而讲好的前提是做好）的重要保证。

2. 提高教师的业务能力

长期的教学实践和校园调研告诉我们，学生排斥的是脱离实际、高高在上的空谈"大道理"，而不是解决他们实际问题的"硬道理"。同理，学生也不是一味地抵触思政课的内容，而是对于课堂宣讲"教条化"倾向及"假大空"式对历史和政治的虚解和"幻化"。因此，教师的业务能力至关重要，我们要从实际出发，对学生进行正确的引导。

（五）坚持"四结合"教学联动，强化思政课功力

在"系统推进，整体发展"的指导下，根据自己的教学特色，通过持续摸索和实践，经过几个教学周期的循环积累和不断提升，初步形成一整套设计合理、行之有效的教学体系方案。

一是要坚持"教学与研究并重"，培养一批兼具科学研究与教学能力的高素质教师；教学与科研相结合，解决了现实中存在的教师只"教"不"研"或只"研"不"教"等问题，有效激发了教师的潜能，提高了教学质量。

二是要坚持"理论联系实际"，建立起理论与实践相结合，互相渗透，互相促进的立体化课程体系；理论与实践相结合，遵循教育教学规律，围绕着"学与做，知与行"的贯通与融合，不仅使课程设置更为优化，而且学生更易理解和接受。

三是坚持"课堂内外相结合"，使学生在理论的浸润与实际的学习中得到发展；通过将课堂内外有机地结合起来，加强实践教学，使当前高校思想政治课存在的考勤率不高，针对性不强，吸引力不大，理论联系实际不紧密等问题得到了很好的解决。

四是坚持"线上＋"相结合的方式，对"互联网＋时代"的教学方式进行积极的探讨，将线上和线下有机地融合在一起，利用新的网络技术，建立一种信息化的课堂，从而提高了课程的魅力，让学生们真正爱上了思政课。具体步骤：

1. 教学与科研协同起来

实行课堂五十分钟精确设计，做到教学环节的精挑细磨，确保思政课教学无失误、零事故。

就科学研究而言，实行"研读经典"双周一次的学术沙龙，聚焦思政课堂、教学热点、理论难点及习近平总书记的重要讲话，主要的研究方向是：廉政建设，传统文化的创造性转化和创新性发展，组建科研团队，重点攻关，凝练高水平成果，着重在争发核心论文和申报省部级以上课题上下功夫，全面提升科研能力和水平。

2. 理论与实践链接起来

在教学中，理论教学的标准化和常态化主要是对学生的基础知识、理论和观念的培养。而真正要树立马克思主义、中国特色社会主义的基本观点、立场和方法的问题，仅仅停留在一般性的理论教学是远远不够的。所以，坚持理论与实践的结合，一直以来是思政课教学的主要内容和主要方法。为此我们根据四门课程的不同定位、内容和要求，分别设计了学生社会实践的方案，着重解决学生知与行统一的问题。

首先，要着力解决好几个结合。一是把课上的自学和独立的反思结合起来。二是把教科书和社会实践有机结合起来。三是要善于应用学科研究的基本原则、观点，以点带面的方法去观察、分析和解决实际的社会问题。

其次，要明确主要解决的问题。一是个人生活、学习、成长过程中的各种问题。二是学校里、同学之间、班集体、社团活动及其他校园活动中存在的各种问题。三是社会发展中出现的重大问题和热点问题，贯穿各领域和各行业。

3. 课内与课外联动起来

高校思想政治理论课教学具有理论性、实践性、生活性。联系学校实行的学生行为养成教育活动，全面考核学生行为活动状况，通过每月的"行为养成成绩"来量化体现学生的"行为状态"，并作为期末考核的主要依据。

4. 线上与线下混合起来

"互联网＋"时代的到来，给人们的生活带来了巨大的变化，使得"线上教学"和"线下教学"相结合的教育模式已是必然选择。为了适应微时代的发展，我们建立一个"微信群"，并对"微化"的教学方式进行研究，并在此基础上发布课程中的知识点、教学案例、文学欣赏等内容，实现师生的实时互动，学生在网络学习中获得成长。

（六）推行"四阶段"实践教学，深化思政课功能

在改革开放 40 多年的社会转型和时代变迁中，产生了一代在心理情感、思想观念和行为模式上都打上明显时代印记的新生代，因此，大学教育，尤其是思想政治理论教育更要贴近时代、贴近社会、贴近学生的心理倾向和思想需求。所以，转变观念、创新机制，全面推进和切实落实思想政治理论课具有实效性。

第五章　新时代多元化背景下高校德育工作的探索与创新

第一节　对大学生进行中华传统美德教育的思考

一、挖掘传统文化精髓，提升教师人文素养

（一）优秀传统文化中的德育资源

中华优秀传统文化历史悠久，内涵丰富，其中蕴藏着丰富的道德教育资源。包括：

1. 进取精神

"刚健有为，自强不息"是中华民族几千年来积淀下来的一种民族精神，它蕴藏在中华优秀传统文化中，是中国人民最根本的精神内核，也是对中华民族积极向上生活态度的最浓缩的理论与价值总结。《周易》中的"天行健，君子以自强不息"；孔子提出了"士不可以不弘毅，任重而道远"的思想；老子强调"胜人者有力，自胜者强"。"自强不息"是当代成功人士所必须具备的素质，对于当今的广大师生尤其具有现实意义。

2. 爱国情怀

中华民族始终强调以国家为本，以爱国为本，以社会责任感为核心，提倡"天下为公、公而忘私"的思想。这样的爱国精神，正是中华优秀传统文化的宝贵精髓，也是海内外炎黄子孙凝聚在一起的精神力量。从孟子

"兼济天下",到范仲淹"先天下之忧而忧",顾炎武"天下兴亡,匹夫有责",东林书院"风声雨声读书声声声入耳",这些都是爱国主义的浓缩。深挖这一资源,能让我们学习前辈,了解到爱国爱民族爱人民是一个人最重要的道德品质,进而自觉地爱自己的国家,为自己的国家感到骄傲。

3. 处事原则

"和"是中国传统文化最鲜明的特点,其根本内涵在于"和",倡导"天下一家""以和为贵""执中守和",这些都是中国传统文化所追求的理想境界,其核心内涵是"和而不同"。孔子在"允执其中"这一点上,主张"执中"而"和"。"中和"思想沉淀下来,形成了中国人的一种思维模式和个性特征,也形成了中国人在人生道路上的独特个性。发掘其中的文化资源,不仅能让大学生用平常的心态看待这纷繁的社会,也能让他们在多元的社会里学习宽容与体贴。

4. 宽厚之道

中国传统文化中,宽以待人、"仁爱"是一项非常重要的理念。《周易》中有"地势坤,君子以厚德载物",老子"报怨以德",孟子则主张"仁者爱人""敬人者人恒敬之""老吾老以及人之老,幼吾幼以及人之幼",这些都蕴含着理解、宽容、尊重他人的精神内涵。它在长期的发展过程中,已经融入了中国人民的思想意识、人格情感之中,并主导着中国人民的行为模式与价值取向,是中华民族文化精神的一个重要组成部分,对高校德育工作的开展具有重要的现实意义。

5. 思想境界

中国传统文化对利己主义的做法嗤之以鼻,提倡"见利思义""义然后取""不义而富且贵,于我如浮云"。在谋求私利的过程中,提倡"取之有道""先义后利""义以为上""舍生取义"。几千年来,这种"士可杀不可辱"的气节,一直鼓舞着中国人民,不断地涌现出一群志士仁人,铸就了中华民族的脊梁。这也是高校德育工作的重要组成部分。

6. 优良品德

诚实守信，是中国人一直以来的美德。诚实守信，勇于为自己说过的话和做过的事情承担责任，这是人格的基本要求，也是人际交往中必不可少的。人没有信用，家庭没有信用，企业没有信用不会繁荣，国家没有信用就不会稳固，世界没有信用就不会稳定。古人云"人而无信，不知其可也""自古皆有死，民无信不立"。从古代到近代，从理论到实践，都是人们处理与家庭、他人、社会等各种关系的基本规范。在社会主义市场经济高速发展的新时代，"重信用"和"守信用"已越来越多地成了整个社会的呼声。因此，对高校学生进行诚信教育是非常必要的。

7. 修养方法

中国的优良传统文化，既注重个人修养，又注重个人品德的培养，并构成了其丰富的内涵。孔子尤其强调了以"慎独""内省"为基础的德育教育，强调了德育的根本途径。所谓"慎独"，就是一个人在没有人看管的时候，能够自觉地恪守自己的品德。所谓"内省"，就是时时自省，时时"省察"，不断完善自我。要以"慎独内省""见贤思齐"的方式，将道德从外部的限制转化为内在的自觉，将道德的认知转变为道德的实践，这样才能更好地解决"知"和"行"的问题。

（二）传统文化研习培训

俗话说，打铁还需自身硬，育人者先育己。为给当代大学生做好立德树人的榜样、提升德育能力和水平，需要老师加强对中华优秀传统文化的研究学习，提升素养水平，着力打造一支儒雅大气、精神高尚、知行合一的育人"铁军"。以此用传统文化素养对当代大学生进行指导，通过动之以情、晓之以理，达到学之以恒、行之以德的目的，既能弘扬和传承中华民族的传统文化，又能提高师生的人文素养。

二、注重加强教师思想品德的培养

教师作为承担"立德树人，教书育人"的主体责任者，其思想政治素质的高低直接影响到德育效果。要实现这一目标，就必须加强对教师理想信念的培养，使其道德素质不断提升。

（一）加强理想信念教育

中共中央、国务院印发的《关于全面深化新时代教师队伍建设改革的意见》，对中国特色社会主义的道路、理论、制度、文化等有了深刻的认识，对习近平新时代中国特色社会主义思想进行了系统的研究。希望广大教师能够充分了解中国教育事业取得的巨大成就，立足中国，把中国的教育事业做得更好。在新形势下，大学生的理想信念教育具有重要的现实意义。高校要坚持以理想信念教育为中心，充分发挥高校德育主阵地的主阵地作用。

1. 坚定理想信念

要增强理想信念，就要加大学习力度。要坚定不移地坚持马克思主义的指导思想，持之以恒地抓好理论武装，自觉加强学习，提高党性修养。

必须坚持以党为本、以德治国，学校党委和支部要将思想政治工作放在整个学校的工作中来抓，并列入工作责任制。要强化意识形态工作，以正面宣传为主要内容，提高舆论导向水平。要以前人的先进为榜样，用反例的方式，引导广大师生时刻把好意识形态"总开关"，时刻保持善于干事业、勇于攻坚的"精气神"，做到敢担责谋发展、心无旁骛地干实事。

2. 正确理解其内涵，对其进行准确阐释

"富强、民主、文明、和谐，自由、平等、公正、法治，爱国、敬业、诚信、友善，是中国的优良传统，是中国人民在现代社会中历经千辛万苦才建立起来的理想与信仰，是我们每一个人对未来的憧憬。"① 通过对习近平总书记重要讲话的深入理解，准确把握社会主义核心价值体系的丰富内涵与本质要求，这对在当今波云诡谲、瞬息万变的国内外形势和社会形势中，坚持正确的政治方向、增强理论自信与文化自信，都是非常必要的。

3. 要大力弘扬中华文化，弘扬革命文化，弘扬社会主义先进文化

中国人在漫长的历史发展过程中，形成了自己特有的思想观念和伦理准

---

① 王喜国，刘芳．崇德修身：培育和践行社会主义核心价值观的本质诉求［J］．党政论坛，2014（23）：46－47.

则，主要表现为崇仁爱、重民本、信守信、辨辩证、合大同等；有孝悌忠信、礼义廉耻、仁者爱人、与人为善、敬业乐群、扶危济贫、见义勇为、自强不息等传统美德，至今依然深深影响着我们的生活。在社会主义现代化建设以及改革开放四十多年的实践中进行了卓有成效的探索，使中国从贫穷落后走向了富裕先进。在这走向富裕、富强的道路之中，社会主义核心价值观在逐渐形成，特别是当代中国"一带一路"倡议等的提出与实践，成为新时代社会主义核心价值观成型的关键时期。

4. 带头实践社会主义核心价值体系，提高德育实效

在大学生中开展社会主义核心价值观教育具有十分重要的意义。人的一生都是以价值为导向的，而价值观的尺度不仅仅是物质上的，还有生命的意义与价值。就青少年来说，在学生时期，他是否能够建立起自己的价值观，这关系到他是否能够健康成长，是否能够成为社会上的一名有用人才，这既是一个生活目的的过渡问题，也是一个生命内涵的问题。教师的使命和职责是教书育人，教书与育人应当是有机结合的。任何一种学科都具有丰富的德育价值，教师在进行教育教学时，不能将知识技能的传授与学生做人的教导相分离，不能将学科的育人价值人为地剥离出来，更不能落入"育分不育人""求学不读书"的教育误区。

"带头"是一种具有深刻内涵的教育思想。首先，它是一种要求，突出了教师这一群体不同于一般社会团体的使命和职责。教师肩负着使每一位学生健康成长的责任。其次，"带头"本身就是一种鼓励。长期以来，在教师队伍中有较大影响的道德模范和先进典型不断出现，突出教师"带头"践行社会主义核心价值观，一定程度上肯定了教师团体在引领社会道德潮流中所起到的关键作用，也激发了教师团体在未来对青少年学生的积极影响，引领和带动全社会的其他群体自觉践行社会主义核心价值观。

(二) 着力提升教师师德水平

教师道德是一种教师所具有的"教学道德""道德修养"和"学术道德"，它是其精神内核，是其人格特质的直接反映。中共中央、国务院印发

的《关于全面深化新时代教师队伍建设改革的意见》①（以下简称《意见》）明确指出，加强师德是新时代师资队伍建设的一项根本原则。要以提升教师的思想政治素养和职业道德素养为中心，在教学工作中贯彻社会主义核心价值观，着力培养全过程师德，使他们真正成为先进意识形态的传播者，成为党执政的坚定支持者，成为学生健康成长的指导者。

1. 提升教师自身素质

老师们要积极提升个人素养，自觉提升自己的综合素养，获得渊博的学识，指导学生学会学习、学会合作、学会生存、学会做人，注重学生的全面发展。

2. 创新师德教育内容方法

师德教育内容是师德教育的载体，它决定了师德教育的质量和效果。长期以来，师德教育多以师德规范、师德准则等一些刚性内容为主，单一的师德教育内容必然会导致教师产生心理上的厌倦，拓宽师德教育内容是当下进行师德教育的必然选择。

师德教育内容的选择也应适应时代发展的需要，除了刚性内容外，还应有能够激发教师进行师德修养和促进教师师德发展的内容。在对高校教师进行师德教育时应突出学以致用，教育内容应多与教师的日常工作和生活相联系，把教师在日常工作生活中涉及道德方面的突出情形进行教育、引导，使师德教育内容能够适应教师道德需求。拓展师德修行领域，能在全方位、多层次上对师德进行触及，给教师前所未有的刺激，使教师能在自我修养、专业发展上不断追求和进步，能通过接受师德教育内容获得长期的发展。

创新师德教育方法，集中宣讲式的师德教育有助于教师形成师德认知。体验式的师德教育可作为师德教育的一种新方法，使教师参与到身边的活动中，以活动为背景，让教师进行亲身体验，在活动中与团队成员进行交流互

---

① 中共中央 国务院. 关于全面深化新时代教师队伍建设改革的意见 ［N］. 人民日报, 2018 - 02 - 01 (1).

动，并注重教师的回顾与反思，提高教师的理论认知水平、增进知识与技能，进而改变教师的态度和行为。

3. 完善师德规范要求

（1）建立激励机制

年度开展师德先进单位和个人评选活动，表彰和奖励师德高尚、业绩突出的教师，使其激励、引导和示范作用得到充分发挥；在同等条件下，教师在职称评审、职称评定、晋升等方面，要优先考虑有突出道德品质的教师。

（2）构建学校师德评估体系

《意见》提出，要加强师德评价，突出"奖优罚劣"，推进"师德评价的负面清单"，构建"师德档案"，健全"诚实守信"和"失信惩戒"机制，重点解决"师德失范""学术不端"等问题。

首先，把教师职业道德建设纳入学校工作评价和教育质量评价的一个重要依据，把教师的道德素质作为评价教师工作业绩、职称评审、岗位聘用、评优等的一个重要依据。

其次，要构建和健全教师师德的监测体系，从学生、家长和社会三个层面，逐步构建起一张全方位的师德监测网络。

再次，要严格执行教师职业道德的奖惩措施，把民主评议和教师评优工作有机地结合起来；对有违师德的，要严格公开，对严重失职、影响恶劣的，要按照相关规定进行严肃处理。

学校应将师德考评的成绩列入"职业道德"一节，并对其进行考评；实施教师职业道德"一票否决制"。师德考评不达标的，将无法上岗，其内部津贴、晋升和晋升等工作将会受到影响。

三、提升教师身心素质

（一）全面提高身体素质

体质健康主要体现在运动、劳动和生活中的力量、速度、耐力、灵敏度、柔韧性。教师的素质应该是全方位的，主要表现为：耐力强、反应快、精力旺盛、耳聪目明、声音洪亮。

良好的身体素质，是保证教师在教学、科研和学生管理等方面高效率工作的先决条件。教师的工作既是体力活，也是脑力活，因此，教师要重视自己的身体健康。精力充沛、反应敏捷是以人的身体素质为基础的，主要表现在感知敏锐、思维敏捷，具有较强的应变能力、综合分析能力和创新能力。

（二）不断塑造高尚人格

首先就是觉醒。作为一名教师，要有高尚的思想境界，做好教书育人的工作。只有将自己从事的工作与国家的事业、人民的民生联系起来，才能够做到这一点。在今天的多元文化与多元价值观的时代，教师更应坚守自己的岗位，努力工作，这是教师的职责，也是他们的使命与尊严。

再者是信念。老师的最大的快乐就是培养自己的学生成才。信念是一种强大的力量，有了信念，就会有脊梁。

（三）培育健康心态

心境，也就是心态。思维过程是动态的、暂时性的，个体的心理特性比较稳定，而精神状态介于两者之间，具有暂时性和稳定性，它是思维过程和个体心理特性的统一性体现。好的心理状态就是老师要经常保持一种平和的心境。

大量理论研究及实践证明，一个情绪饱满、乐观积极、对未来充满希望的员工能在工作中最大限度地发挥其能力水平，为企业创造效益；反之，心情郁闷、悲观消极的员工差错率和被投诉率都会比其他人高出许多。为此，高校培育教师健康心态，提升教师内在动力的重要性必要性不言而喻。要如何培育健康心态？

一是要保持如饥似渴的心境，坚持学习；二是要保持心平气和的心境，培育脚踏实地的作风；三是要保持心细如丝的心境，培育细心品质；四是要保持心静如水的心境，培育顺其自然的心态。

总而言之，在新的时期，对德育工作者提出了更高的要求，即要秉承中华民族优秀的道德传统，要有"学为人师，行为世范"的崇高理想，严格要求自己，以德施教，用自己的情操、渊博的知识和个人的魅力去感染和教育学生。为了提高学校的道德素质，增强学校的吸引力，我们必须对各个学科中蕴含的思想政治教育资源进行有效的开发。

四、提升教师专业素质

要提高教师的专业素养，就必须为学校的教师建设提供一个平台，组织教研活动，进行教育科研和引导，促进教育的改革和创新。要加强学院、系级等学习共同体的建设，建立和健全"师徒结对"的工作机制。在大学里，我们要充分发挥师资队伍的作用，加强师资队伍建设。

（一）加强创新型教师队伍建设

创新是人类社会发展的灵魂，也是我国教育现代化建设的必然要求。要造就创新型人才，就必须要有创造性的师资队伍。所谓创新型教师，就是在教学实践中，既有较强的创造性，又有较强的创造力。

创新型教师必须具有以下素养：一是渊博的知识储备和扎实的理论基础；二是一定的质疑能力；三是一定的探索能力。

创新型教师要善于运用新的思想和方法来解决工作中的问题。如何加强创新型教师队伍建设？高校应该结合自身的办学特色，对教师进行积极引导，鼓励教师参与到创新活动中。在这个环节中，高校要对学校的教师资源进行专业化分析、进行优化配置；同时，加大对学科研究经费的投入力度，健全相关制度，从而打造一支具有较强凝聚力的创新型教师队伍。

（二）完善传、帮、带制度

对于教师培训还应进行跟踪管理，让教师在学习中不断提高自己。因此，就需要完善传、帮、带制度。作为老教师要做到"三带"，带师魂，即党性坚定、作风过硬、务实创新；带师能，即掌握工作规范和岗位技能；带师德，即做好文化的传承与创新。作为新教师要做到"三学"，即学思想，坚定理想信念；学本领，练好岗位基本功；学做人，求真、求善，融入团队。

（三）全面开展教师素质提升培训

教师培训是教师队伍建设的一项关键工作。培训要改变过去"千书面、千人一面的大一统、一般齐"的状况，以分级分类为指导，以个性化定制为中心，探讨面向团队专业化发展的"精准帮扶"培养模式，逐渐构建起与高校发展需求相匹配的分级、分类的专业化训练体系，以训练的专业化带动技能的专业化，促进团队的专业化发展。在训练方式上，可以尝试发展情景模拟、案例教学、拓展训练、小组讨论、实际操作等多种教学方式，并设计校内轮岗、团队教学、海外访问、骨干研修、哲社研修等多种培养方式；通过优化培训模式以及调整培训内容，让教师培训工作成为师资队伍创新能力培养的一项长效机制。对教师的培养也要加强后续管理，使其在持续的学习中得到提升。同时，结合之前所提及的激励机制，增强教师的自主培训意识，让教师根据自身需求来选择合适的培训方向。当然，还应该推动学生德育工作队伍的联动，通过组成科研同盟加强学科融合，要加强高校思想政治理论课教师、党务工作者和管理干部队伍的协调配合，通过教育主体力量的融合推动德育工作者队伍专业化进程。

第二节　学校德育工作与劳动教育的融合

一、开展劳动教育的意义

（一）实践社会主义核心价值观的重要载体是劳动教育

要教育引导学生热衷劳动锻炼，尊重劳动成果，热爱劳动群众，充分认识普通劳动者在社会发展中不可替代的作用，深刻感悟幸福是劳动创造出来的。贯彻党的理论联系实际的教育政策，引导年轻的学生主动投入生产实践中，持续塑造正确的劳动观，把个人劳动创造幸福与促进国家繁荣富强有机结合起来，在劳动过程中，我们的创新意识和创造力得到了进一步的提高。

（二）劳动教育是高校实现人才培养目标的必要途径

德智体美劳是实现人的全面发展的衡量标尺，也是我国教育追求的目标。劳动教育是实现德智体美劳的载体，关键特质在于实践。高校是注重实践的教育阶段，也是走向未来职业生涯的成长期。高校的劳动教育以实践为载体，形式多样、内容丰富，包括志愿服务、专业实习、创新创业、实践教学等。劳动教育是学生解决问题从而提高实践能力的重要途径，通过劳动教育构建起学校专业教育与生产实践过程的桥梁，在实践中将动手和动脑、理论与实践有机统一起来，在劳动中实现德智体美劳能力提升，从而更加深刻认识国情，积极投身社会主义现代化建设，最终实现立德树人的人才培养目标。

（三）在高校开展德育工作中，劳动教育起着举足轻重的作用

劳动教育是大学生思想政治教育的重要元素，是实现学生成长发展的必经之路，发挥着树德、增智、健体和育美的重要功能。劳动教育不仅仅局限于培养动手实践素养，更为关键的是价值观引领与劳动精神的培育。通过劳动教育，将学生的大学生活与社会实践统一起来，强化劳动体验，培养劳动素养，一方面为学生提供切合实际、因地制宜的劳动内容与载体，让学生在实践中认识劳动、感悟劳动、热爱劳动，增强发现与解决问题的能力；另一方面让学生于劳动实践中潜移默化感受劳动的价值，润物无声深化大学生思想政治教育，引导其继承中华民族勤于劳动的优良品质，将勤于劳动的精神运用于社会主义现代化建设，在劳动实践中为国家为人民服务。

（四）劳动教育是促进大学生成长发展的有效方式

开展劳动教育，大学生通过学习劳动价值内涵、劳动基本规律和劳动规章制度，不断增强劳动信念，了解劳动方法，培养恪守劳动纪律要求的意识。大学生们走出了学校，走到了社会的各个角落，来到了城市的各个角落，来到了城市的各个地方。在实践教学、专业实习、志愿服务、社会实践等活动中，感悟劳动艰辛，体会劳动过程，厚植劳动情怀，磨炼意志品质，彰显精神面貌，养成积极向上的心理素质。同时，在劳动中培育学生创新创业意识，教育学生树立积极多元的就业观，实现社会发展需要和个体人生价值、专业理论知识和工作岗位需求的有机统一，引导学生确立多元化就业观

念。在大学里，要让学生的劳动技能持续得到提升，培养他们的劳动精神，让他们的德智体美劳五育并重，从而推动他们的健康发展。

二、大学生劳动教育现状

（一）劳动主动意识淡薄，劳动自觉性不高

在新时代，我国政府提出了培养社会主义建设者和接班人的要求，同时，学校也在大力推行劳动教育，在某种程度上提高了学生的劳动意识。但总体而言，大学生生活环境较好，劳动体验较少，对劳动认知不够，劳动主动意识欠缺，在劳动过程中，针对苦活、累活、脏活有畏难情绪，劳动的自觉性和主动性不够。在日常生活、集体活动等劳动中，参与劳动积极性不足，吃饭靠外卖、洗衣靠机器、活动靠他人，缺少劳动意识和相关劳动知识，不愿意劳动，不会劳动以至于鄙视劳动，对劳动成果不懂珍惜的现象普遍存在。

（二）劳动观念存在偏差，劳动引导性不足

一些大学生认为体力劳动不如脑力劳动，体力劳动者低人一等，而自己具备专业等文化素质，劳动会降低自身身份，难以放下身段屈就现实，不能吃得苦、耐得劳。部分大学生由于劳动观念存在偏差，出现好逸恶劳心理，劳动和劳累、受苦结合起来，产生拈轻怕重、浮躁懒惰、驰于空想等不良情绪，自我劳动的习惯和意识欠缺，造成学生"小事不愿做、大事做不了"的现象。

（三）家庭引导相对缺失，劳动价值性弱化

家庭是孩子的第一课堂，在培育劳动观、践行劳动精神中发挥着重要作用，但部分家庭在教育中弱化了劳动教育的地位和作用。部分家长片面以为劳动和教育之间没有关联，秉持"脑力劳动高贵而体力劳动低贱"的观念，使得孩子劳动锻炼机会少，造成学生与劳动之间存在鸿沟。家庭劳动教育缺失，使得学生缺少劳动概念，不愿劳动乃至轻视劳动，不能感悟劳动的价值，难以尊重他人劳动成果，不利于良好道德品质的塑造与养成。

（四）劳动能力弱化，劳动实效性不足

改革开放四十余年，我国人民生活水平极大提高。充实的生活环境使一些大学生产生惰性，养成了依靠他人的习惯，外卖、代取快递等现象日益增多，使学生缺乏劳动意识，助长了学生依靠他人的行为习惯。在日常劳动都由他人代劳的情形下，部分学生养成了以金钱换劳动的习惯，产生好逸恶劳心理，缺乏对劳动的参与和体验，造成了懒惰和"啃老"的不良现象，社会生活能力缺乏，社会实践经验不足，不利于学生的成长发展。

三、大学生劳动教育现状成因分析

（一）社会劳动教育氛围缺乏

随着信息技术和物流交通的快速发展，外卖、快递等使得人们足不出户便可满足日常生活需求，在方便人们生活的同时，也助长了一些学生的惰性，使学生"宅"在宿舍不愿进行日常生活劳动。网络主播、网红等元素影响日益广泛，致使一些大学生劳动意识日益淡化，幻想做网红、做主播以成名，滋生出快速暴富、沉迷享乐等有害思想。一些学生沉溺于虚幻的网络空间，企图不劳而获，为网络电信诈骗提供了"温床"。因此要加强对大学生劳动教育，通过劳动这一载体将真实世界和虚拟幻想隔离开来，以免陷入虚幻的想象之中，让学生时刻铭记"天上不会掉馅饼"的道理，摒弃沉溺网络的不良爱好，引导学生积极参与生产劳动、志愿服务等劳动，在实践中增强明辨是非、增长心智。

（二）学校劳动教育力度不足

《关于全面加强新时代大中小学劳动教育的意见》提出"当前部分青少年存在不爱劳动、不愿劳动"的问题，在某种程度上忽略了劳动独特的育人价值。我们国家一贯奉行教育与劳动并重、理论与实践并重的教育方针，努力为学生提供全方位的发展。但在应试教育背景下，学校对劳动教育"口头上重视、行动上轻视"，劳动教育时常处于教育体系的边缘位置，劳动蕴含的育人意义难以被认识，使得劳动教育被弱化，轻劳动重学习、强理

论弱实践的现象仍较普遍。劳动教育师资力量比较薄弱，劳动课程设置不够规范，劳动实训基地比较缺乏，劳动教育评级机制尚不健全等问题严重制约着劳动教育成效。一些大学对劳动教育不够重视，没有开设任何的劳动教育课程，没有从人才培养的角度来理解和解决这个问题，专业课程更是缺少劳动方面的教育，为学生提供的劳动实践机会少，致使学生社会实践能力欠缺，难以实现全面发展的人才培养目标。

（三）家庭劳动教育角色缺位

在传统观念与应试教育压力的双重作用下，许多家庭将关注点聚焦于学生的学业成绩，认为孩子学习好就一切都好，劳动在孩子成长发展中可有可无、无足轻重，因此为孩子提供的劳动锻炼机会少之又少，造成劳动教育的缺失和弱化。特别是"90后""00后"以独生子女偏多，家庭想让下一代少吃苦，错误地认为"劳动贫穷"，不让孩子进行劳动，几乎包揽了一切劳动，使孩子缺乏自我锻炼的机会，缺少劳动体验与感悟，造成孩子生活自理能力不足，劳动意识大缺，缺少艰苦奋斗、拼搏向上的进取精神，以至于养成好逸恶劳、不爱劳动的坏习惯，不利于培育学生的劳动核心价值观。

（四）自我劳动教育意识不强

当前大学生以独生子女居多，家里物质条件较好，相关需求容易满足，且缺少劳动锻炼的机会，使得大学生劳动技能较差，缺少劳动意识与劳动体验，即使偶尔参与劳动也心有余而力不足，难以将事情办好，进而产生挫败感。对照大学生日常生活实际，一些学生劳动态度消极，宿舍脏乱差，靠外卖、洗衣机、刷鞋机等满足自身日常生活需要，缺少劳动实践，无法感悟劳动过程中的困难与挫折、收获与喜悦，无法提高自我的承受能力与调节能力，造成生活自理能力差，劳动能力不高。因此，大学生要积极参与劳动，培养能劳动、肯吃苦的精神，以劳动价值观引领学生前行，让劳动精神的阳光普照学生心田。

四、推进大学生劳动教育的对策

为实现立德树人根本目标，需要强化统筹各方力量，有效发挥家庭、学校与社会三个层面的作用，寓劳动教育于生活学习过程。坚持将劳动元素有机贯穿学生成长发展历程，推进以家庭劳动教育为基础、学校劳动教育为主导、社会劳动教育为支持的三条路径有机结合，实现"家校社"三方联动育人，有效激发家庭与社会在劳动教育方面的内在潜力，充分开辟劳动教育的实践阵地，构筑劳动教育共同体，构建"三位一体"劳动教育格局。

（一）更新教育理念，推进家庭劳动教育生活常态化

家庭对学生的成长和发展起着无可替代的作用。一要不断增强家庭劳动教育观念。家庭劳动教育要紧密围绕培养学生正确的劳动观这一核心，充分挖掘日常生活中的劳动资源，布置相关劳动任务，让学生主动参加、亲自动手，让他们有一颗热爱劳动的心，让他们懂得珍惜别人的劳动，让他们在劳动中提升自己的生存能力，让他们学会把劳动作为自己的一种方式来培养他们的劳动精神，让他们养成劳动习惯。二要强化榜样示范教育功能。家长要切实发挥好自身的教育者作用，借助假期等时间教授家务具体劳动或生产实践服务等劳动知识，不断增进孩子的劳动知识。同时在从事劳动的身体力行中借助言行举止润物无声地教育孩子，引导孩子一起为家庭分担劳动的过程中提高劳动技能，塑造勤于劳动的淳朴家风。三要扩大劳动教育时空"场域"。除日常生活中的家务劳动外，也可将劳动教育延伸至城镇街道、农村田间、工厂企业等场地，让学生在不同劳动实践中增进知识、提高技能和练就本领。

（二）提高思想认识，学校劳动教育要做到科学规范化

要把劳动教育作为一项重要的工作来抓，要把它融入人才培养的系统中去，并把它融入整个学校的教学和管理之中。一要整合完善教学内容。始终围绕立德树人这一核心，根据不同专业学生实际，加强顶层设计，进行科学规划，坚持因材施教，推进大学生创新创业教育，引导学生树立马克思主义劳动观。二要加强实习教育。在志愿服务、"三下乡"、专业实践、实习等实践活动中，要按照教学规律和学生的发展规律，将自己的双手和动脑相结合，内容和形式都要结合起来，让他们主动地到社会中去，熟悉当地的风土

人情。通过社会实践、志愿帮扶、见习实习等多种方式，不断提高劳动意识，激发学生劳动的内在动力，在劳动中锻炼创新创业能力，提高劳动教育的实效性。三要确保保障到位。开展劳动教育，需要学校在人财物等方面予以全方位资源支持，建设专兼结合的劳动教育师资队伍，强化教师劳动教育方面的培训。高校劳动教育要力求面向学生实际，了解学生特性，注重结合专业特色精准施教，通过身体和心理的融合，让学生在劳动实践中进行自我教育，同时，也要主动开发劳动教育实践基地，加大对劳动教育的资金投入，保证了劳动教育的持续性和有效性。

（三）形成强大合力，社会劳动教育要做到多样系统化

社会是劳动教育的主战场和主阵地，要在社会生活劳动、生产实践和志愿服务等劳动中充分发挥劳动教育的功能。一要开辟形式各异的劳动实践基地。高校要结合学科专业特点与自身实际，立足地域情况，充分挖掘各类资源，因地制宜建立劳动教育基地。如医院、诊所、卫生室等可作为医学劳动基地，图书馆、博物馆和福利院等可作为志愿劳动基地，社区、街道办和企事业单位等可作为服务性劳动基地。二要适时举行形式多样的劳动教育活动。在端午节、中秋节等传统节日，结合学校实际，发扬我国传统劳动文化，开展包粽子、猜灯谜等传统文化技能展示等活动，在劳动实践活动中渗透传统文化所蕴含的劳动思想，于无形之中教育感化学生。在建党节、国庆节等国家重大节庆日，联系学生实际，开展党史宣传教育、国情社情调研、暑期"三下乡"等劳动实践，让劳动元素在潜移默化中教育影响学生。通过形式多样、内容丰富的劳动，让学生在实践中体验劳动价值，培养劳动精神，强化学生对劳动的心理认可、科学认知与实践自觉。

三要多管齐下强化劳动教育宣传。各类媒体要始终坚持对劳动教育的正面宣传，加强劳动中的模范人物与典型事迹的宣传，运用学生喜闻乐见、易于接受的方式讲好劳动教育故事，营造一种尊重劳动、热爱劳动的良好舆论氛围，让我们共同唱响热爱劳动的主旋律，弘扬劳动的正能量，营造热爱劳动、劳动光荣的良好社会氛围。

五、构建高校劳动教育体系的路径

新时代大学劳动教育应建立健全制度体系，明确培养目标，用生动的教学内容、合理的考核标准和完备的过程管理，促进理论与实践相统一，杜绝各种形式主义和弄虚作假。

（一）树立现代治理理念

以现代管理观念为指导，建立现代大学劳动教育制度，提高大学治理能力。现代大学制度视野下的劳动教育治理，实质上就是要实现国家治理体系和能力现代化。而要做到这一点，就需要对高校劳动教育的管理进行把握，把握新的形势，抓住新的机会，研究新的对策。健全现代大学制度，切实提升我国大学的治理水平和治理水平，为推动我国国家治理体系和治理能力现代化提供新的思路。

（二）明确劳育治理主体

如果将高校劳动教育视为大学治理的一部分，可以将其主体分为内部主体与外部主体。国家与中央印发的意见对高校劳动教育的主体进行了明确，将劳动教育融入人才培养的全过程之中，贯穿大中小学各学段，家庭、学校、社会各个层面，社会要充分发挥其在劳动教育中的支撑作用，强化政府的统筹，拓宽劳动教育的渠道，将家庭、学校和社会各方面的力量结合起来。学校要负起教育的主要职责，确定实施组织与人员。此外，还应结合学校的实际情况，为学校提供必要的专职教师。当前高校需要优化设计高校劳动教育内容与形式，使劳动教育成为大学教育内容结构中不可或缺的部分，通过劳动教育提高各相关主体意识，使之互相之间相辅相成，形成联动，潜移默化，从而在全社会逐步形成劳动教育氛围。

（三）融入人才培养过程

劳动教育要全方位融入人才培养过程，与通识教育体系、专业教育体系和创新创业教育体系紧密结合，紧密衔接，贯穿学生培养全过程。要按照学生认识发展水平，端正学生劳动思想和价值观念，形成熟练精湛的劳动技能。

通识教育与劳动教育存在许多异曲同工之处，重视受教育者形成自己的价值观、世界观。重视与发展劳动教育，是高等学校深化教育教学改革，培养新时代高质量人才的一条重要途径。为践行立德树人根本任务，实现育人功能聚合，高校应打造出一条符合教育教学改革规律，适合自身发展的交汇之路，提升高校的劳动教育质量。

劳动教育作为教育教学的重要元素，能与教学模式、教材、专业、师资、实习实践基地等一系列人才培养和环节互融互促，成为推进教育与教学内涵建设的重要手段。因此，在设计劳动教育体系过程中，要注重与教学改革和建设紧密结合，提升内涵建设水平，打造更多高水平标志性教学成果。

要坚持与一二三课堂融合，围绕生产劳动技能提升，设置劳动教育依托的必修课程；要重点构建包括但不限于志愿服务、创新创业、消防技能、医疗救护等在内活动的服务劳动体系；同时可以围绕日常生活技能，结合校情设置日常性校园劳动项目。

（四）打造劳动教育特色

在落实劳动教育的过程中，要看到其与德育的关系，做到融入德育、渗透德育。劳动本身就是德育的重要成果表达，在教育教学、社会实践、校园文化、家庭教育、志愿服务等多个方面，学生的劳动参与感、劳动获得感、劳动成就感将直接转化为其对世界的认知，对人生的感悟，对价值的判断。高校规模、文化氛围、历史传统和学科特色各不一样，彼此之间的劳动教育既有共性也有个性。在遵循劳动教育一般规律的前提下，劳动教育体系因学校类型、办学定位和人才培养目标等因素形成不同的特色。因此在设计劳动教育体系过程中，要紧密结合学校办学传统和发展方向，确定劳动教育目标、内容和方式方法。大学治理体系建设的重点内容之一就是开展好劳动教育，设定好目标，要找到人才培养过程中劳动与教育的切合点，制定一套科学的劳动教育实施方案，多条途径建立起劳动育人系统，提升国家治理体系和治理能力。当前，随着我国高等教育的迅猛发展，我们要把理论和实践相结合，校内和校外、课堂内外、显性和隐性相结合，领导干部、专业教师、思政队伍、校外专家等教育主体有机融合，家庭、学校、社会等教育因素有机融合，探索灵活多样、务实可行的教育方式，提升育人效果。

第三节　"互联网＋"条件下大学生 思想政治工作的初步探索

互联网凭借其较强的互动性，庞大的用户群体，较快的更新速度与较大的信息储量等优势，得到了高校学生的热烈追捧。互联网背景下，学生可以随时进行网上购物、交流思想、查询学习数据等，但这也使部分同学在网络中逐渐迷失自我，不仅耽误了学习，还会对其心理、身体产生极大危害。因此，对互联网这把双刃剑，辅导员要辩证对待，不仅要利用它给大学生德育工作所带来的积极影响，也要注意其对广大学生群体带来的影响与挑战。

一、"互联网＋"为高校开展德育工作带来的便利

首先，获取信息更加及时。互联网不受时间和地域约束，而且信息更新速度较快，在互联网的帮助下，学生可以在第一时间了解社会主流思想、发生的重大事件，国家的政策、方针、路线的变动等重要信息，能够使其思想品德得到及时、良好的塑造。其次，因特网为学生们提供了一个平等、公平的平台。网络是一个开放的平台，部分学生在日常生活中会因性格原因，不愿意将自己的思想表露给同学，因此，要想使师生之间的沟通管道顺利畅通，网络平台则是最佳选择。如日常生活中使用最多的微信，它使师生间的有效互动成为现实，如果我国高校能有效利用微信开展德育教育工作，使用微信向在校大学生宣传具有正能量的思想，引导大学生树立正确三观，那么高校德育教育工作将会取得事半功倍的效果。

二、"互联网+"对高校辅导员德育工作带来的挑战

（一）辅导员思想教育的回馈逐渐弱化

大学生的价值观尚未完全成熟，有待进一步完善，辅导员要及时引导学生养成积极、乐观、向上的价值观，这是开展思想政治教育工作的核心所在。互联网具有较强的隐匿性，这是目前思想政治教育开展所面临的一个重大问题，也是不可忽视的关键因素。首先，虽然互联网拥有大量的信息资料，但其中充斥着消极思想与负面信息，如极端个人主义、享乐主义思想等，这些不利于大学生成长的思想不仅影响大学生价值观的形成，还会严重影响到他们身心的健康发展。其次，互联网的隐匿性会逐渐淡化学生的公德心、法律意识，在网络上，学生们可以自由表达自己的看法和感受，有些言论不计后果，偏离正确价值观取向，影响极坏，这种隐匿性大大地提高了辅导员开展实际工作的难度，而对那些不负责、极端、负面的言论来源，要想彻查也是十分困难的。

（二）减弱传统模式下德育教育的权威性

在传统的道德教育中，学生是主要的教学对象，拥有信息的绝对话语权，可以根据自身想法和理念选择教学方法，向同学们传达自己的思想和社会需要宣扬的理念，使他们逐步树立正确的价值观、人生观，从而构建起一个完整的学生综合素质体系。但是由于互联网的不断发展，学生可以接收到的信息呈现多元化发展，学生接受思想教育的传播模式有所改变，信息和思想教育的话语权逐渐脱离学校和家长群体的掌控。"互联网+"时代，人人都可以发表自己的观点，网络传播的途径广泛，传播门槛较低。综上所述，传统以学校为主体的思想教育的话语权和权威性因为互联网的发展得到了大幅度的削减。

（三）学生上网成瘾，容易影响学生能力发展

在社会心理学家们看来，一个人只有通过现实生活中的人际交流才会获得健康、积极、乐观的全方位发展。如果学生花费过多的时间在网络世界

里，而不屑于与周围人群相处和交流，让网游、网购、网络交友等占据自己全部的业余时间，那么其自身的正常发展必然会受到严重影响。大学生的生活若是被网络行为所主导，那必然会慢慢减弱其独立思考能力、探究能力以及是非判断能力。在大部分人看来，网络的优势是十分重要且每个人都能亲身体会到的，但在"互联网+"背景下，辅导员已经很难对思想政治教育进行有效监控，为了确保后续工作的有序开展，就必须有效平衡学生现实生活中的行为和网络中的行为。

三、"互联网+"条件下高校辅导员思想政治工作方式转型

（一）匿名 QQ 在线答疑

在日常校园生活中，许多学生因为性格内向的原因而不便或不敢和辅导员进行面对面的沟通，在部分话题上，他们在直接交流时会不知从何说起。而用 QQ 匿名通信，则能很好地解决上述问题。在这种全新的交流形势下，学生的个人想法与建议会被完全打开，不受任何约束，增强了他们与辅导员之间沟通交流的有效性和及时性。在答疑过程中，辅导员可以根据实际情况分类解答，如果学生提出的想法和需求是符合情理的，可以给予言语鼓励和精神支持。如果是收到那种为了发泄个人情绪而无理取闹的匿名消息，辅导员可以及时查明原因并进行心理疏导。在这种新形势下，辅导员以朋友的身份来和学生交往，不仅可以让学生与辅导员之间的关系变得更加亲密，还可以及时了解和掌握他们思想的实际发展情况，使师生关系更加和谐，积极指引学生朝着正确的方向成长和发展。

（二）通过微信平台服务学生

微信的诞生给人们的生活带来了极大便利，在网络世界里，任何人都可以成为一个独立的自媒体。微信是一个可以自由发声的媒体平台，学生可借助微信这一便捷的传播渠道来发表个人感想、学习心得等。在传统的面对面式沟通模式下，学生和辅导员之间总会不可避免地产生情感隔阂或是在遇到敏感话题时无法畅所欲言。利用微信这个平台，教师与学生可以在任何时

间、地点进行交流。同时，辅导员还可以借助朋友圈的强大功能来发表一些与教育内容相关的图片、小视频等，对学生产生潜移默化的影响，正确引导学生思想发展。辅导员的工作是要给予学生正确的导向指引、适当的爱护和关心等，在保持教育魅力的同时，还应保证教育内容能够跟上时代潮流和带有一定的创新性。通过微信，在和学生进行多次讨论与沟通后，辅导员可以从中获取到一些具有使用价值的学生辅导案例，再将其通过微信群、朋友圈等形式与周围同事进行分享，达到共同获益的目的。

四、"互联网 +"模式下高校辅导员德育工作提升策略

（一）提升辅导员的信息技术水准

相比传统的传播方式，网络信息传播方式更加生动、更加丰富，能够实现信息的高效传播，这是教师讲座、图书、报刊等传播形式所不具备的特点。高校辅导员只有不断提高自身的信息技术水准，会利用相关工具，才能将"互联网 +"的优势充分发挥出来，使其变成开展思想政治教育工作的核心推动力。随着"互联网 +"的不断发展，高校辅导员不仅要具备丰富的思想政治基础知识储备，还要做到将思想政治原理和现阶段的时事有机结合起来，并对这些内容了如指掌。要保证教育内容的道德性、政治性、科学性，与当今社会潮流走向和时代相符合，才能引起学生的注意和喜爱。对学生在网络上发表的个人想法和表现的各种行为，辅导员要以引导为主，既不能全盘否定，也不能过度鼓励，要做到正确引导。高校辅导员可以自己寻找一些具有教育价值和教育意义的文章，定期推送给学生，并且和学生交流实际的阅读感受，让大学生可以充分表达自己看法，提高学生的积极性，高校辅导员再根据大学生的回答做出正确的解答，让学生建立良好的三观。

（二）利用社交软件做好相关舆论控制工作

我国传统德育教育都是通过课堂教学实现的，教学方法和教学模式较为老旧，对于新时代的大学生传统教学方式很容易让其产生无聊感和厌倦感，

让大学生失去学习的主动性和积极性。微信作为大学生群体日常使用最多的社交软件，占据了大部分大学生交流时间，我国高校辅导员可以充分利用微信的这个特点开展德育教育工作，做到舆论的控制和宣传。大学生在日常生活当中很容易被一些信息影响，而且缺乏正确的判断，很容易被社会的舆论引导，这个时候高校辅导员就可以通过微信群向大学生播报这个事情的原委，以及正确的态度和看法，让大学生能够做出正确判断。另外，学校辅导员也可以开设公众号，让学生们注意到自己的公众号，及时将自己的思想、学习、生活等信息传递给学生。可以通过微信公众号的评论机制让大学生和辅导员沟通，要做到实现特色教育，创新辅导员的德育教育模式和方法，提高德育教育的效率。

（三）以微媒体为主，做好文化传播

建立健全以微媒体为主的文化模式，学校需要通过各种各样的微媒体平台，根据时代思想的发展，开创老师个人和学校的公众号和微博号，并且鼓励在校老师发布自身的感触和生活片段，积极主动地影响学生，让学生知道什么是真善美，什么是生活的本质，并且通过丰富、完善学校微博、公众号等网络平台的内容和形式，融入学生群体中，真正做到师生之间的互动。让学校的文化向着网络化和多样化发展，在教师与学生的交往互动中，对学生进行潜移默化的熏陶，使其树立起健康、正确的人生观、价值观和世界观，充分利用好微媒体资源，发展微媒体的作用，不断探索微媒体对学校德育教育的积极作用和功能。

（四）全面加强学校的人文关怀，重视学生的心理问题

目前高校德育教育教学中必须清楚，教育最根本的目的是让我国广大青少年学生群体建立健全正确的三观，当前"互联网＋"背景下德育教育的资源信息较为多样复杂，很容易影响三观尚不健全的青少年群体，因此学校的德育工作应当重视和加强对学生的人文关怀力度，全面重视学生心理问题的疏导和沟通，并且根据每一个学生的具体情况和生活情况，构建不同的治疗方案和解决措施，增强和学生之间的互动研究，加强师生之间的互动合作，重新建立健全我国高校教师的话语权。总而言之，目前学校应当加大对学生的人文关怀和学生心理健康问题的管控，尊重学生的意见和想法，强化思想政治课堂对于学生的关怀。高校辅导员可以尝试以微信、微博等互联网媒体为依托，建立学校自己的学生心理辅导中心，让学生敢于说出自己的困扰，并且主动向心理辅导老师咨询，及早发现学生的心理问题。

高校辅导员是高校思想政治工作的主体，是高校思想政治工作得以全面落实的重要保证。"互联网＋"给高校学生思想政治工作带来了新的发展契机，也面临着更高要求与挑战，高校辅导员应该依托互联网的便利开展大学生思想政治教育工作，同时应当始终遵循"贴近学生，贴近现实，贴近生活"的原则，有效提升工作效果。

第四节　大数据背景下大学生德育工作创新

从大数据开始作为信息技术的新形式被人们广泛关注以来，在短短几年之间，它已经深刻地影响着我们生活的各个方面，社会各行各业都充斥着大数据的身影。如何在实践中充分发挥大数据的优势，同时将其与当前大学生德育教育实践结合起来，降低大数据对大学生思想政治教育的消极作用，发挥大数据对高校辅导员德育教育工作的积极作用，促进大学生德育工作实效性的提高，是当代德育教育创新改革实践要探索的重要课题。

一、大数据的内涵与特点

大数据技术在世界范围内飞速发展，逐渐引起我国政府的高度关注，特别是 2012 年以来，大数据技术发展迅猛，高校思想政治教育也渐渐掀起融合新技术进行改革的新浪潮。大数据是一项新兴技术，它与教育产业的有机结合，对教育产业产生了巨大的促进作用。高校辅导员日常工作繁琐，传统单一的管理模式无法紧跟信息化时代的要求，因此，基于大数据对辅导员德育工作进行创新和变革具有时代意义。

（一）大数据的内涵

大数据的产生是一种以网络为主要特点的社会发展，是一个动态的过程。当前，学术界对大数据的定义还没有一个统一的界定。麦肯锡环球研究认为，大数据是一组数据，这是传统的数据库软件工具无法处理的。英国学者维克托·迈尔（Viktor Mayer）在其著作《大数据时代》（*The Big Data*）中提出，"大数据"并非一个精确的概念①。我国国内学者涂子沛认为，大数据不仅容量大，而且价值量大，人们通过提升分析、使用大数据的能力来创造新知识和价值②。2015 年十大科技创新人物周涛认为大数据不仅是一种技术，更是一种理念，可以运用到各行各业③。

（二）大数据时代的特点

1. 数据信息量大，关注全体数据而非随机样本

大数据时代的信息量大，资源种类多，改变了传统数据采集方法，比运用抽样调查得出的结论更加准确。

2. 数据类型多样，关注混杂性而非精确性

大数据时代的数据处理关注整体的方向性而不是精确性，如果每个数据都精确，可能会起到反作用。例如，将全国大学生群作为一个母数据群，各个高校的学生群作为对应的子群，在对自己学校中的日常数据进行粗略的分析之后，能够掌握其中的规律，及时地发现和解决问题。

3. 数据生产进度快，关注快速性而非准确性

当今信息的传播呈现爆炸式增长，如何保证飞速增加的数据的可靠性、真实性，如何有效地控制信息的泛娱乐性，使其更好地为学校的经营服务，是一项很有意义的研究课题。

总之，大数据时代要求更多的智能分析技术，对人类社会的影响是全方

---

① ［英］维克托·迈尔－舍恩伯格，［英］肯尼斯·库克耶. 大数据时代 ［M］. 盛杨燕，周涛，译. 杭州：浙江人民出版社，2013.

② 涂子沛. 数据之巅：大数据革命，历史、现实和未来 ［M］. 北京：中信出版社，2015：57.

③ 周涛. 为数据而生：大数据创新实践 ［J］. 中国商界，2016（06）：123.

位和前所未有的。"大数据"引发的"信息风暴"给我国大学思想道德教育工作提出了新的挑战与契机。

二、大数据背景下高校德育教育的新形势

（一）德育教育的新特征

一方面，道德教育的内容样本具有综合性特征；大数据时代下，在对高校学生进行思想道德教育时，我们所使用的数据将从过去的小数据中解放出来，并将其用于与教育问题有关的分析。而这些庞大的数据，实际上就是所有学生道德教育的真实体现，所以我们现在所收集到的数据，就是所有的数据。而过去，受信息技术的制约，我们在进行有关德育教育的研究与教学时，所能使用的资料很少，这对正确掌握大学生的思想政治状况有很大的局限性。另外，通过大数据对大学生思想道德教育的有关状况进行分析与研究，是在大学生最自然最真实的生活情境中进行的，这样可以使所获得的信息更准确、更客观，更准确地掌握学生的思想动向。

二是使整个道德教育信息化。一是语言的数字化。大学德育工作人员能够把教学内容的书面形式转换成数据信息，运用大数据技术软件，对有关的数据进行分析，以此来判定和预测大学生的思想价值观现状。二是对地理信息进行数字化处理。所谓的"数字化"，其实就是一种以网络信息技术为基础的定位服务，而这样的服务和大数据相结合，就是要对这些方位信息进行数据化，我们可以通过这些位置数据，对学生所在的地理位置有一个全面的了解，并对其行为进行预测。三是实现了师生交流信息的数字化。现在的大学生，主要是通过多种网络技术渠道进行沟通，这种沟通的资料是学生之间的感情和想法交换的具体体现，如果把这些信息进行数据化，那么就能够根据数据对学生的期望状况进行了解。通过对这些资料的分析，可以将大学生的思想状态以一种可视化的方式呈现出来。

（二）德育教育的新意义

这就要求广大教育工作者更加全面地理解大学道德教育。大数据时代下

的大学生思想道德教育与大数据技术的深度结合，利用大数据的数据和计算，系统、准确地判断和预测大学生的思想状况与行为。大数据以数据化的方式展现在我们面前，给我们带来了一种新的方式，为我们进行大学生思想道德教育提供了新的方法和途径，拓宽了道德教育的领域和内容，让我们对大学生道德教育有了更多了解。

二是要促进大学德育工作的科学化。传统的大学道德教育，因缺乏对理性思考的运用，致使量化分析不能作为一种科学的方法对大学生进行道德教育，其教学多停留在空泛的理论层面，缺乏必要的实证支持。而大数据时代的来临，让我们将科学的定量分析变成了一种实际可行的方式。通过对数据的收集和挖掘，我们可以对数据进行定量分析，通过科学的分析方法，可以解决很多道德教育问题，这样的科学方法的运用，极大增强了大学生思想道德教育工作的科学性。

三、高校辅导员的大数据认知分析

（一）专业出身多样，数据方面的知识欠缺

高校辅导员大多出身人文社科专业，对数据方面的知识了解甚少，部分辅导员对大数据的应用甚至存在认知偏差，以为这是专业技术人员的任务，与自己无关，这就导致辅导员在学生德育工作中尚未建立健全大数据管理理念与方法，工作效率与应变能力较低。

（二）对数据的关注意识提升，处理数据技能匮乏

随着时代发展，大多数辅导员认识到加强应用型知识学习的必要性，但因为数据分析与应用需要丰富的知识储备，很多辅导员感到力不从心。

四、大数据背景下高校辅导员德育教育的路径创新

（一）建立法规，为大数据用于德育教育提供保障

首先，国家层面要制定专门性的大数据应用法律，规范大数据应用行为，制定法律法规，阐明在使用大数据时应采取哪些措施。规范大数据应用

行为，使得大数据在德育中的应用在法律的规范和监督下进行。

其次，在经营层次上要加强对企业的经营管理。真正落实这些政策，首先要做的就是强化大数据的应用管理。应设立专门的大数据使用监督管理机构，尤其是在大学中，由学校的思想政治工作负责人及主要负责人牵头，组建专门的大数据应用监督小组。

在大学层次上，应加大对大数据应用的宣传和培训力度。通过讲座、专题培训等方式，将德育教育的法律法规传授给全体教职工，使他们对有关的法律法规有充分的了解，使他们能够在自身的工作中，特别是在德育工作中，自觉地遵守法律法规。

（二）依托大数据，构建辅导员管理服务新平台

大数据管理服务平台有利于各院系、科研、管理部门资源的整合与共享，优化辅导员队伍建设流程，帮助他们设计出科学、合理的管理规划，通过开放的平台实现院系、科研机构、培训基地与辅导员的融合。

平台的数据源于辅导员的工作能力、动态轨迹等，平台通过处理数据，为辅导员量身定制职业发展规划和个性培养方案等，通过采集、整合相关信息数据，帮助辅导员提升决策的科学性、精准性。

（三）普及大数据知识，提升辅导员大数据运用能力

高校可与大数据技术开发公司合作，面向辅导员开展培训，加强辅导员的信息管理能力，高校教育工作者具有一定的数据分析和处理能力，才能引导和培养学生的信息技术涵养。

大数据技术的应用，为大学生思想政治工作的开展提供了一种科学、合理的工作方式与观念，使人们在实践过程中能够发挥最大的理性思维。然而，在大数据的使用过程中，也出现了数据滥用和以数据为中心的问题。教育者们仅仅把数据当作一个标准，以为依赖数据就能全面地解决思想道德教育工作中存在的一切问题，并没有意识到，要想有效地进行大学生道德教育，不仅要有理性思考，还要有感性帮助。所以，在把大数据运用到思想道德教育中的时候，我们要想对大数据进行有效的使用，就必须要防止在使用大数据时，陷入以数据为中心的使用模式，而要将自己的经验和理论讲解等传统的教学方式有机融合起来，这样才能使德育教育的成效最大化。

现代信息技术的跨越式发展将大数据推向了一个崭新的时代。当代信息技术的突飞猛进，为大数据带来了全新的机遇。大数据时代的来临，不仅使人们的生活和思维方式发生巨大改变，同时也对当代大学生的思想价值观念产生深刻的影响。而大数据与教育的深度结合为当代大学生德育教育有效性的提高提供了一种全新的思维与手段。高校教师在大学生德育教育创新与实践过程中，要充分利用大数据的思维理念与技术手段，将其与传统德育教育方法综合利用，有效提升大学生德育教育的实效性。

第五节　大学生法治教育与德育教育的关系探索

一、大学生法治教育与道德教育的关系

（一）法律与道德

法与德的联系是非常密切的，具体表现为：在内容上，法与德的界限不清，甚至有一部分是重合的。一些基本的道德规范会因为立法而成为法律规则，一些法律规则也因为其浓重的道德属性而被广泛遵守。哈特认为，在人类社会的原始阶段，义务性规则是社会控制的唯一规则，法律与道德准则并没有明显的界线，如果说有两种类型的准则，其中的一种主要依靠对不顺从行为的处罚来维持，而另外的一种规则依靠对规则的尊敬、内疚感或自我反省来维持，法律与道德规则之区别的萌芽形态也许会显现出来。从功能上讲，法律与道德都是对人们的行为进行限制，是一系列的行为准则。守法，人人有责，犯法必受惩处①。从实质上讲，法是将道德作为其内在的价值标准。任何国家和地区的法律都或多或少地反映出占该社会主导地位的道德观

---

① 肖小芳. 哈特视野中道德与法律关系的探究 [J]. 华中科技大学学报（社会科学版），2008，22（4）：34－39.

念。美国人朗富勒认为，一种真实的法律体系，是一种合乎某种道德规范的法律体系，它是一种内在的伦理与外部的伦理相结合，一种程序上的自然法则与实质上的自然法则相结合。他认为不符合道德标准的法就不是良法，甚至根本不宜称为法①。法律和道德拥有共同的内在价值：尊重人，尊重人的自由与选择，把人作为最高目的。同时，公开、参与、客观、一致、平等、符合法治程序的形式要件，本身就是合理和道德的。经由内在和形式的道德性，法治能够实现实质的道德性。法治是以法律为主要治理手段的一种社会制度安排，如同法律一样，它也承载着人类对自由、平等、人权、正义等价值的追寻。在现代法治中，法不再只是惩罚的工具，而是更倾向于对人权和自由的保护，因而更具有了道德的意味，从这个意义上说，法治是一种制度的道德。

不过，法律与道德毕竟属于不同的规范体系和调控机制，二者之间的区别也十分明显。哈特认为，把道德和法律及其他社会规则区别开来的，主要有四个特征：第一，重要性。与道德规则相比，法律规则的重要性看似不那么突出。法律规则的效力不因其重要性而受到影响，在一条法律规则未被废除之前它仍然是一条法律规则；道德规则主要靠其在人们心中的重要性以维护其地位。第二，非有意改变。法律制度的特征是新法律规则的引入和旧法律规则的改变或废止能通过有意识的立法进行，而道德规则却不能以这样的方式引入、改变或撤销。法律往往输掉与根深蒂固的道德的较量，而该道德规则依然生机勃勃地与禁止它所命令之事的法律并存。第三，道德罪过的故意性。一人承担道德责任必须有违反道德的故意在先，一个人承担法律责任却不必然需要违法的故意。第四，道德强制的形式。法律强制的典型形式是外在力量的威胁和惩罚。而道德的典型强制方式是唤起人们对规则的尊重，对过错的悔恨，即内心的良知的"惩罚"②。

---

① 张征珍，邹顺康. 富勒论法律的道德性 [J]. 道德与文明，2007（6）：72-75.
② 肖小芳. 哈特视野中道德与法律关系的探究 [J]. 华中科技大学学报（社会科学版），2008，22（4）：34-39.

我国学者认为，法律与道德的区别有五个方面：一是产生条件不同。道德的出现和人类社会的出现是同时发生的，而法的出现却比道德的出现要晚得多。按照马克思主义的观点，法律的最终命运是消亡，而道德将会和人类一起进入共产主义社会。二是形态上的差异。法律往往通过多种来源的方式得以体现，但道德却往往不付诸文字，其内容较为抽象和模糊。三是调节幅度的差异。道德调整的对象不仅是法，而且是人与人之间的关系。道德调节的不仅仅是外在的行为，还有内在的动机。虽然法律也会考虑个人的主观过失，但是，在没有这种过失的情况下，法律是不会对主观过失进行处罚的。四是不同的发病机理。法的实施依赖于国家的强制力，其特征是他律；社会舆论、传统习俗、内在信仰等是道德得以维系的重要力量，其中最重要的特征是自我约束。五是各学科的教学内容有差异。法注重的是权利，而道德注重的是责任，法律强调的是权利和义务的对等，而道德通常只是规定了责任，没有相应的权利。

正因为法律和道德有如此紧密的联系，又有着不同的作用机制和适用范围，所以法律和道德相互依存，法治和德治不可偏废。有学者这样描述二者的互动关系："道德总是想方设法地向法律渗透，希冀法律的帮助；法律则是有意无意接纳道德的要求，寻求道德的支持。"① 在这一过程中，人们可以把这两种相互影响的关系归结为道德的法律化与法律的道德化。道德法律化，即把人的道德理想、原则和准则熔铸到法律中去的过程，亦即善法之生成与存在之历程；法律的道德化，就是把法律内在于更高层次的道德权利和道德责任，它是一个让所有人都能接受甚至相信的过程。有了法律的形式，道德才能被更好地遵守，有了道德的内核，法律才能为人们真正信服并践行。

（二）法治教育与道德教育互相促进、互为基础

法治教育是以法治为内容的教育，道德教育是以道德为内容的教育，二

---

① 陈晓雷. 法律运行的道德基础研究 ［D］. 哈尔滨：哈尔滨工程大学，2013.

者所传授的教育内容不同，这是法治教育和道德教育最本质的区别。法与道德虽然有着各自的功能与作用，但是它们同属于上层建筑，都是维护社会秩序，调节人们的思想与行为的重要途径。德治与法治是两种不同的社会治理方式，二者互为补充，不可偏废。同时，法律教育与德育也是相辅相成的。提高人的道德素质，有利于促使人们自律行善，自觉远离恶行与恶德，提高人的法律素质和规则意识，也有利于促使人们自觉遵守包括道德规则在内的各种规则，保障优良社会道德风尚的形成。实际上，无论是法律还是道德，它们都不仅仅是行为规范，同时甚至是精神，是价值观念，是社会关系。因而，无论是法治教育还是道德教育，绝不仅仅是简单的规则教育，而是更高层次的价值教育。

我们不能把道德教育与法治教育对立起来或者割裂开来，倡导道德教育并不意味着拒绝法治教育，倡导法治教育也不意味着削弱道德教育，无论是简单的道德教育还是简单的法律教育，都无法达到理想的结果。法治教育与道德教育应当相互配合，共同推动社会的发展与人的发展，从而培养出一个具有崇高道德品质的公民，同时也有着良好的法治品格。德育应重视对大学生进行符合现代法治价值观的道德观的培育，使"爱法律"成为每一位大学生的道德品质，使其在大学生中形成自觉的道德追求；同时，法律教育也要融入道德教育的内容，只有把道德教育和法治教育结合起来，同等重视、统一推进，才能真正实现公民道德品质和法治品质的共同提高。法治和德治并举，国家才能长治久安、文明进步，道德教育和法治教育并重，才能够实现人的全面发展。

二、大学生法治教育与道德教育的内在一致性

（一）指导原则的一致性：以人为本

"以人为本"是马克思人学思想的基本要求。"以人为本"的道德教育理念，强调人的发展。教育以人为中心，以人为目标；人是教育的起点和终点。"以人为本"是现代教育的根本价值取向，是一种思想方法，是一种价

值导向。它肯定了人在社会发展中的主体地位和作用。法治教育和道德教育是学校思想政治教学的一个重要组成部分，它要以提高大学生的素质为目标，将教育与人的幸福、自由、尊严、终极价值联系在一起，用现代的眼光来培育现代的人，用全面发展的眼光来培育一个全面发展的人，在培养出符合社会需求的合格人才的过程中，实现自己的价值。

1. 以人为本是现代法治精神的核心

法律素质教育可以促进学生的自主意识、竞争意识、效率意识、开拓创新意识以及权利和义务的观念，从而使他们的创新素养和人文素养得到提升，同时也增强了他们的观察能力、想象力、思维能力、分析和解决问题的能力。高校的法治教育必须秉持"以人为本"的理念，根据他们的特征，强调他们的主观能动性，把他们的法治意识和法律信仰作为自己的目标，这样才能让法律至上、依法办事的理念在学生的心中生根发芽，并将其转化为自己的行动准则。"以人为本"是高校法治教育的根本精神，也是高校法治教育的必然要求。

2. 以人为本是道德教育的核心

道德是人的一种存在形式，站在人的价值的实现上，德育的价值在于提升和拓展人的价值，提高人的道德生活，从而达到对生命的肯定、导向和提升。当代德育具有鲜明的人文特色，其核心理念是推进人的现代化，使人的全面和谐发展。大学德育应遵循"以人为本"的内在要求，注重对大学生德育主体的培育。人的主体性是人最基本的特性，它的生成和发展是主体在主体和客体交互作用中进行的。这是一种基于主体的学习、思考、体验、感悟、践行等行为，既有积极的外在物质实践，也有内在的思想，这是由主体自己的积极性、主动性和创造性的发挥所决定的。主体的主动精神，既能让人获得道德认识、情感和判断，又能通过行动实现，内化为个人的内在道德品质。大学德育始终坚持以人为本，即以学生为中心，充分发挥学生的主体作用，充分发挥学生的主动性和创造力，以保障学生的基本利益，促进学生的全面协调发展为基本目标。

展和自我实现的需要等。心理健康教育通过对大学生这些需要的了解和满足，对大学生在发展过程中的需要与心理成熟度、客观条件不平衡所产生的矛盾和冲突进行疏导和调节，对大学生的潜能进行挖掘，以及完成自我实现的引导。

（四）方式方法的相容

从两者教育方法上来看，谈话法是最基本的方法。德育中的谈话以说教为主，追求以理服人、以情动人，谈话方向具有一定的单向性。心理健康教育主张会谈法，注重信息采集、来访者主诉，教育主体处于引领之位、相伴同行，关键处伸出点睛之笔，追求"助人自助"——帮助来访者获得自己帮助自己的能力。语言是两者共同的工具，因此彼此的谈话技术可以互为借鉴和补充。心理健康教育可以在适当时机通过说教体现价值引领，德育可以放低说教的强势态度，给教育对象以自我发现和自我领悟等自我教育的机会和空间。两者的教学方法也比较相似，比如都是通过教室来进行基础理论和知识的传授，通过集体性的活动来完成同一教育目的（如心理健康教育的团队辅导、德育的集体性会谈等），通过教育主体的言传身教呈现示范性教育，通过个别谈话来完成有针对性的教育（心理健康教育是个体咨询，而德育是"一把钥匙开一把锁"），通过组建专业性师资队伍来承担各自的教育任务，通过营建教育环境和校园文化氛围来增强教育效果，通过与家庭教育合作来扩容教育场域，通过占领网络阵地、利用网络资源来补充教育空间等。因此说，两者在教育方式方法上也具有相融的基础和条件。

（五）学科基础与理论依据的同源性

大学生心理健康教育与德育教育虽然是两个不同的教育实践活动，但在学科基础和理论依据上具有交叉性和互补性。

1. 交叉的理论渊源

二者同属大思想政治教育体系。从学理上讲，现代思想政治教育即学者通称的大思想政治教育，包括思想教育、政治教育、道德（法律）教育以及心理教育。传统的思想政治教育主要包含思想教育、政治教育和道德教育，侧重人的更高层次的认知的完善和提升，塑造人的行为规范。而心理健康教育则是从认知、情感、意志、行为、需求、能力这几个方面来进行，其中最重要的是认知教育。二者同属于一个系统，以立德树人为教育目标，从不同维度共同引导大学生成人、成才，为培养实现中国梦所需的后备人才而服务。

2. 互补的学科体系

长久以来，由于我国高校没有将二者之间的联系与互补效应充分挖掘出来，从而导致两者割裂开来，往往只阶段性、片面性地强调二者中的一者，两者的工作效率并没有被充分地发挥出来。德育教育作为一门具有较强综合性的学科，主要探索的是人思想品德的形成与发展规律；心理健康教育作为一门自然学科，主要用来研究与揭示人的心理发展规律。心理学在精神卫生教育中的应用，同时又可作为德育教育的理论依据，可以帮助教育者通过大学生心理活动规律分析出所存在的思想问题，德育教育更是要遵循大学生心理发展的客观规律，依据心理健康教育的普查结果以及研究成果有针对性地开展实践，而不能脱离大学生的心理基础而单独开展，二者在学科体系上交叉互补。研究德育教育中的心理现象与发展规律，使大学生能够以正确的思想武装头脑，同时以心理学为基本理论基础，运用大学生心理活动的一般规律来分析、解决大学生德育教育中存在的心理学问题。因此，大学生德育工作者要使二者相互补充、相辅相成，不仅可以加大心理健康教育的说服力，还能提升德育教育的活泼性，有效提高二者工作实效性。

二、大学生心理健康教育与德育教育的异质性

德育和心理健康教育在诸多方面还有差异，这种差异是二者的先天"种差"使然，也是二者保有独立价值和特色之必然。客观、审慎地分析和研判差异，剔除不利因素才有可能促进大学生心理健康教育德育功能的真正发挥。

（一）理论背景和视角上的差异

狭义的道德教育，也就是与人的行为一起出现的。道德教育源远流长，

已经形成了其独特的理论体系和视角，无论是哪个时期、哪个历史阶段的德育，一定是将出发点放在社会的需要、社会的价值方面，这是由德育的起源和本质所决定的，即便其为了更长远的发展做出调整，也不会放弃这样的动机和原点。创新的德育开始关注的人也一定是从该角度看到的人，所暴露的人的需要也一定是不背离社会需要的部分，所发展的人也是以符合社会发展要求作为标准选择的人。心理健康教育的目光优先落在个体的人身上，是通过关注个体的政治人格发展而间接关注政治，通过关注人的道德适应和道德人格发展而间接关注道德，通过关注人的认知方式和水平间接关注其思想境界和理想信仰状况。二者的这种差别不可能有本质上的改变，但需要做出相对的调整和适度的转变才可能促进某种程度上的借力。

（二）直接目标上的差异

与此形成鲜明对比的是，道德教育则是一个特定的阶级或政治团体，它以自己的政治目的和基本任务为中心，进行的一种以政治意识形态教育为中心的活动，包括思想、道德和心理等内容的综合性教育实践，因此，德育在着眼点上更多是投放到人的思想层面、也是人心理的最高层面上，以"动机""态度""理想""信仰"等为主要观察点和研究点，修正人的三观，塑造人的道德品质和政治追求，将培养接班人作为目的。心理健康教育追求个体心理需要的满足，强调对人的充分尊重，对人的主观能动性和潜能有充分的信任，讲究心灵的沟通、深度的共情和理念的认同，在着眼点上更多是投放到人的基本心理层面上，关注人的需要、知情意的发展状态、潜能开发程度，引领必然是有所尊重、有所协商、有所分享。

（三）教育方式上的差异

从过程和方法上，德育追求的是"育人"，以育为先，必带有预设性、强制性和主观性。方法上以灌输为主，更多实行单向教育，带有强制性和主观性，必不能以教育对象的需要和现状为主。这种价值追求在一定程度上起到了塑造人的作用，但同时也容易成为阻碍其目的达成和创新发展的掣肘。心理健康教育从人本主义理念出发，在其实现目标的过程中，遵从"以来访者为中心"的原则，教育主体的角色定位是引领者、同路人、旁观者、好朋友、偶遇的智者，将自身的主体地位退居于后、并列或者同行，努力让教育对象自己从本能需要中升华、从认知上领悟、从精神上自觉、从潜能中挖掘成长力量、从体验中获得改变，在润物细无声中督促教育对象找到成长动力和方向，体会巅峰时刻，完成自我实现。心理健康教育的教育方式符合大学生身心特点和学习接受习惯，是最为独特且更容易被接受的一种教育方式。

心理健康教育作为基础性部分，在大德育中理应为更高层次的理论和实践提供有力的支持，而德育也不能忽略根基只注重上层建筑。因此，二者在进行各自的理论提升和实践总结时，特别是对功能的界定中要看到彼此的重叠性和交叉性，力求求同存异、扬长避短，而非孤芳自赏、各自为大。积极将彼此投放进一个"育人"的大系统中，实现强强联合，发挥 1 + 1 > 2 的增值效用，为学生的全面发展和素质提升各显其能、携手担当。在教育对象的成长和成才中重新定位自身价值和功能，重新回归其原本目的和本然。

第七节　大学生志愿服务与奉献精神的培育

一、大学生志愿服务

大学生志愿者工作是伴随着社会的进步而不断发展的，在志愿者工作的品质和形式方面，都有了新的提高和突破。因此，大学生志愿服务渐渐引起重视。目前，大学生志愿服务已经成为新时代我国公民道德建设中必不可少的一部分。大学生志愿服务具备以下特点：

1. 更多的志愿参与

大学生们刚刚踏入大学，对所有的事物都充满了好奇，在思政理论课老师、辅导员、班主任等多方面的正确指导下，他们非常乐意参加有益于自己的成长和对社会做贡献的活动。尤其是在良好的大学生思想政治教育运作情况下，促使他们能从多个方面进行有机统一，从而提高自己的道德素质。大学生志愿服务精神是大学生对自己的世界观有了正确的认知，也是对自己的个人价值和社会价值的统一。

2. 更多的公益性质

志愿精神起源于中国传统文化中的"仁"与西方宗教中的"博爱"。大学生的志愿服务具有很纯粹的公益性质，相对于市面上一些企业和机构所从事的志愿服务，以大学生为主体的志愿服务在很大程度上并没有为了宣传自己的企业文化，也没有为公司培养人才后备军等目的，只是一种纯粹的公益行为。

二、大学生志愿服务精神

"奉献、友爱、互助、进步"这简短的八个字、四个词，极大程度上表达出中华民族历经五千年的文明历史中所蕴含的传统美德教育以及时代精神，代表着人类文明有着悠久积淀的发展历程。

第一，"奉献"是志愿服务的本质，它体现了一种崇高的、不自私的品格。它是指志愿人员在不追求经济利益的情况下，主动帮助他人，奉献自己，推动社会发展的一种行动。

第二，志愿者精神中最主要的体现就是"友爱"。志愿者参加志愿服务，本身就是一种友好友爱的思想，符合社会主义核心价值观"友善"的内涵，这也是高校志愿服务精神培养的一个重要方面，也是社会主义核心价值观的弘扬与培育。

第三，志愿者精神的核心是"互助"。志愿服务所提倡的互帮互助、助人者自助的理念，是指志愿者在帮助别人的过程中，得到别人的尊重，正所谓"赠人玫瑰，手有余香"，让受助人在力所能及的情况下，主动向有困难的人伸出援助之手，为社会作出贡献，这些都是"互助"的真实含义。

第四，志愿者精神的核心是"进步"的精神。志愿者通过参加志愿服务，不仅可以帮助别人，还可以提升自身的能力和素质，同时还可以推动社会的进步，实现稳定的发展。

大学生是现代社会中的一个重要群体，是祖国的明天，是民族的希望，他们具有很好的学习、吸收新事物的能力，站在了时代的前沿，是一个有理想信念、有生活追求、有献身精神的特殊群体。而且，大学生自身也有其特点，有别于一般的社会团体。当代大学生的主体性是先进的，他们不但对新事物有了更多的主动性，也因具备了一些知识层次和基础素质，所以对志愿服务这样的先进活动也比较感兴趣，并给予了热情的回应。

另外，作为学生群体的大学生也有一定的组织性。高校的学生受到学校和各自的学院的统一管理与组织，在自己的成长历程中，形成了一种自我独立的意识，并且在校的时候，他们都有着远大的理想，对自己的生活目标充满了信心，这更有助于培养志愿服务精神。

总之，大学生志愿服务是指大学生主动、自觉地参加公益活动，为社会、为别人做出无私奉献的精神。它是大学生与外界、社会联系的一座桥梁，是促进大学生全面发展的一条重要途径，对大学生进行社会主义核心价值观的培育与实践具有重要意义。

三、奉献精神是中国特色志愿服务的文化内核

奉献精神体现了个人与他人、集体和国家之间的一种纯粹而崇高的道义和责任关系。中国共产党的宗旨就是"全心全意为人民服务"。大学生是中国未来的接班人，是具有更高素质的一群人，更应该成为践行奉献精神的模范。

中国特色的志愿服务，其核心是"奉献"。当代志愿服务具有三大基本特性：自愿、无偿和公益，这三种特质的本质是投入。在我国历史上，尽管20世纪80年代末才开始出现有组织的志愿者工作，但中国共产党人的精神气质，作为一种文化基因，根植于人民群众的内心深处，并在社会实践中扎根。尤其是在共青团的带动下，90年代以后，青年志愿者工作起到了领头羊的作用，志愿工作得到了迅速的发展，已经成了党和国家现代化建设的一

个重要内容。"奉献""友爱""互助"和"进步",是中国"志愿服务"的重要内涵。

奉献意味着无偿、不计报酬地为他人、为社会服务,具有奉献精神的人通常也自发自愿地参加服务。奉献精神和志愿服务的基本特征内涵是高度一致的。在高校中成立志愿服务队,在志愿服务中发挥带头示范作用,既是大学生先进性的体现,也是我国对大学生志愿者的内在要求。

四、大学生志愿服务精神培育的对策

(一)建设高水平的志愿精神培育组织平台

高水平的大学生志愿服务精神培育过程具有系统性和长期性。从专业知识、培养载体和培养机制三个层面上,对其进行全方位的改革与创新。在社会持续发展的过程中,大学生的思维方式极易受到西方文化和市场经济中的不良因素冲击,所以,培养大学生志愿服务精神具有较强的紧迫性和重要性。而在这一过程中,构建一个高层次的志愿服务精神培养平台,有助于让志愿服务精神在一点一滴中的渗透。因此,不管是学校还是家庭,或者是社会上的第三方,都要充分认识到组织阵地的重要作用,积极地进行构建,消除大学生对志愿者和志愿者的错误认识。

1. 从内部积极建设培育组织阵地

首先,将思想政治教育作为学校德育工作的主渠道,充分发挥其在第一课堂上的强大育人功能。高校德育工作是高校工作的重要组成部分,要充分利用校园文化开放的育人环境,将第一和第二课堂有机地结合起来,使二者相辅相成,相得益彰。其次,高校学生工作部、共青团组织同大学生密切相关,对大学生进行思政教育具有十分重要的指导意义。我们还积极地开展了志愿服务文化活动,突出了对志愿者的培育,通过讲座、论坛和心理剧等多种形式,向大学生们展示了志愿服务的精神。

2. 联合社会力量,完善高水平的培育载体建设

高校要充分发挥社会合力的育人作用,积极构建多元化、完善的大学生

志愿服务精神培养阵地。当前，大学生志愿者服务平台主要是在学校范围内进行，其服务方式也比较单一。因此，高校可以通过与企业的合作，在企业中建立若干个志愿者服务基地，定期组织学生到企业中去，为基层职工和临时职工进行专业宣传。这样，不仅可以给学生们提供一个学习和实践的机会，而且也可以帮助他们在学校和企业中进行志愿者工作。另外，作为大学生志愿者工作的一支重要力量，也应该得到更多的关注。

（二）构建多样化的志愿服务实践育人平台

第一，要结合时代发展的需要，大力打造志愿服务品牌。目前，许多高校的志愿服务活动中，大学生对志愿服务的持续参与性较差，在参与完志愿服务后，有的认为自己已经参与了，有的则完全没有从此次志愿服务中获得满足感，甚至有的志愿者群体对志愿服务的组织产生了误解。因此，需要通过打造志愿者活动这一品牌，使学生在不自觉的情况下，更加深入地了解志愿者工作，从而形成一个长期的志愿者服务体系。

第二，构建大学生志愿者实践活动的平台。高校要认识到建立大学生志愿服务平台的重要意义，积极为大学生设计好正能量的实践主题，搭建完善的实践平台，创造出新时代高校志愿服务的精品工程，促进志愿服务的实践育人。要坚持校内校外两手抓，做好校园志愿服务组织的各种活动，积极与企业、社区以及社会上的大型志愿者组织进行协作，创建 1 + X 的公益基地，构建志愿服务类型的实践育人社区，提升志愿服务的影响力。

（三）完善规范化的志愿服务活动管理平台

要培育长久有效且健康正确的大学生志愿服务精神，就需要通过丰富的培育平台，提高全校师生的参与兴趣。在建设高层次志愿服务组织的基础上，对其进行科学、合理的管理，建立完善的志愿服务管理制度，通过有法可依、有章可循，让新时代的大学生真正体会到志愿服务的深刻意义。

首先，要构建便利化的志愿者参与机制。从大学生的角度来看，志愿工作应该是一种自由、公开的行为，因此，如何让当代大学生更加便利地参加志愿工作成为一个亟待解决的问题。建立便利化的志愿者参与机制，使大学生可以按照自己的时间、兴趣等，有选择地参加志愿服务。充分运用新媒体等手段，在大学生比较喜欢的微信公众平台、官方微博、校园网等日常交流平台上，将志愿者招募、培养的信息进行发布，对志愿者的典型事例进行传播，从而激发大学生对志愿工作的热情。

其次，要建立起一个和谐、有序的志愿者服务网络。当前，国家正在积极推进国家统一的志愿服务管理体系，初步完成了对志愿者的登记、发布和管理等方面的工作。但是，目前我国大部分高校还没有建立起一套独立的、专门的大学生志愿者服务管理体系。在条件许可的情况下，高校可以成立一个专职的大学生志愿服务管理机构，对校园志愿服务工作进行整体的组织和协调，同时对其进行改革和创新，为培养高品质的志愿服务精神提供基础保证。

最后，建立网络志愿者精神培育平台。随着"互联网＋"的深入，新一代的大学生正好也是在这一领域中长大的一群人，因此，我们应该将网络的创新和传播能力与大学生志愿服务精神的培养工作结合起来，让互联网时代的成就与大学生志愿服务工作的优势相辅相成。在目前阶段，利用互联网的特点，加强对大学生志愿服务的宣传和推广，提高对其培养的效能，既可以提高大学生志愿服务的能力，又可以有效地促进大学生志愿服务精神的培养。由于网络的快速传播特性，使得志愿服务可以在大学生的校园生活中得到广泛的普及，加强对其的宣传与推广，大学生们可以利用更多的真实信息、网络课程、实际案例等，对志愿服务的内涵有了更加深刻的认识，从而建立起正确的责任感和奉献精神，增强对志愿服务的认同感。

总而言之，大学生道德教育是在遵守道德教育规律的基础上，逐渐形成和发展起来的。因此，高校德育工作要根据大学生基本素质的生成与发展规律，有针对性、有计划、有系统地对他们进行具体的思想、政治准则、道德规范、法律法规、心理素质等方面的教育，在这样的全方位、互动式的教育中，培养出一批具有扎实的思想政治理论功底，高尚的道德情操，较强的法律法规意识以及良好的心理素质的后备力量。

　　高校思想政治教育是一项综合性的工作。首先，大学生的综合素质不是单独存在的，也不是单独发展起来的，它们之间是相互影响的，一个层面的质量水平可以影响到另一个层面；第二，学生个体或团体的道德教育程度及状态与社会的发展是有联系的，它可以反映出社会在政治、文化等各方面的发展趋向。

　　大学生的品质不会无缘无故地表现出来，也不会无缘无故地消失，它是继承和发扬原来的素质。对大学生来说，德育工作的过程是从里到外的，只有在对德育工作的目的、内容、方法等进行接受、认同和内化以后，才能把德育效果慢慢地转变成自己的具体行动，这是一个循序渐进、持之以恒的过程。

　　大学生思想政治工作的目的、内容和方法都要根据时代和社会的变化，以及高等教育发展的需要不断地进行调整的，同时，大学生的发展需要、认识水平和行为能力的变化，也将深刻地影响到他们的思想道德教育接受程度和效率效果。道德教育是一项立体的、全方位的、动态的系统工程，根据系统论的整体性、层次性、有序性的原则，把高校思想政治教育的整体性、层次性和有序性分为纵、横两个层次，建立起一个坐标系。垂直轴为学院辅导员、科任教师和学生干部；横轴是德育工作的指导思想、目标、内容和方法。

（二）社会价值观的统一

法治教育与道德教育都具有社会功能，二者在政治价值、经济价值、文化价值上具有一致性。

1. **政治价值的一致性**

法治与德育在政治上都有着相同的价值取向，都是要通过培育具备一定意识形态的人来维持社会政治的稳定，促进政治的发展。在法治教育和德育的社会价值体系中，政治价值处于第一位，具有主导性的地位。其主要内容有：巩固政权，宣传政治意识，指导政治行为，培养政治人才，调和政治关系等。在大学里，法治教育和道德教育是在马克思主义的思想指导下进行的，它以占支配地位的政治思想、道德规范律规范为基础，对学生进行主旋律教育，主要有共产主义理想教育、社会主义、爱国主义思想教育、集体主义教育、社会主义法治观教育等。在此基础上，加强大学生的政治判断力、鉴别力和选择力，促进学生的政治参与意识的发展，培养良好的思想政治素养，进而更好地融入政治生活中，构建和谐的政治关系。

2. **经济价值的一致性**

法治教育和道德教育的经济价值主要体现在，它能激发受教育者的热情，让他们积极地投入经济中去，从而推动了社会的经济发展，也就是促进了社会生产力的发展。通过对大学生进行法治教育，可以使他们对中国特色社会主义有一个共同的理想信念，增强他们的社会主义意识，从而为他们将来参加经济建设，坚持社会主义的性质和方向，提供了坚实的保障。此外，法治教育和道德教育还可以对大学生的非智力因素进行开发，使自己的思想道德素质、法律素质和心理素质得到提升，从而增强学生的主体意识，使其树立起自由竞争、优胜劣汰、平等互利、等价有偿、诚实守信的市场经济意识。

3. **文化价值的一致性**

法治教育和德育都是包含在文化中的，是社会思想的一部分。法治教育和道德教育是人独特的精神生产形式，肩负着更新人的理念、陶冶人的人格、调节人的心理和激发人的创造力的重任。在一定程度上，法治教育和德育的过程，也就是包括法律文化在内的政治文化和伦理文化的相互渗透，最终达到个人政治和道德社会化的目标。大学法治教育和德育工作要以培育爱国主义情怀、弘扬民族文化、弘扬民族精神为第一要务。在经济全球化的大背景下，我们必须旗帜鲜明地提倡中国特色社会主义文化，并充分发挥其在思想政治工作中的价值引导功能，对舆论进行正确的引导，对人们的精神境界进行净化。在文化交流日益频繁、意识形态渗透日益深入的背景下，法治教育与道德教育要发挥其文化选择的作用，帮助大学生树立正确的文化观，提高文化选择的自觉性，引导大学生在中西文化交流和冲突中正确进行文化选择和合理吸收。与此同时，在传播政治文化和伦理文化的同时，也要对其进行持续的梳理和整合，并用最合适的方法进行传承，使其具有文化创新的作用。

（三）教育目标的一致性：促进大学生全面发展

马克思人学思想是以人的发展为中心的，它指出，没有人，就不可能实现社会的进步和发展。

1. 法治教育以人的自由和全面发展为最高价值

法是人类所制定的，它是人类为自己所规定的一种规范。就法的渊源而言，它是人类历史发展到一定时期的必然结果，是根据人类社会持续发展和进步的必然结果；纵观法的历史演变历程，其价值取向是：坚持人权与人的全面发展，匡扶正义、扶危济困，保障和保障人类人格发展的自由空间，促进社会的稳定与有序发展。所以，法必然具有最根本的人类价值。"人"是法的终极目标，是基本价值取向。目前，我国正全面推进依法治国，推进社会主义法治国家的建设。法治以规范人的行为、规范人的权利与责任、维持社会秩序、追求人的发展、以实践为动力。法治的出发点与归宿、目的与手段均与人息息相关，离开了人的法治就难以想象。法治必然要为人服务，以人的自由而全面发展为最终的价值目标。对人的价值的尊重，对人的权利与自由的保护是法治的本质。它建立在人的尊严和价值之上，其核心是权利的平等，其价值追求是个人的自由与社会的平等，从而为人的全面发展营造一